Arthur Richard Diebler

Henrisone's Fabeldichtungen

Arthur Richard Diebler

Henrisone's Fabeldichtungen

ISBN/EAN: 9783743657212

Hergestellt in Europa, USA, Kanada, Australien, Japan

Cover: Foto ©Thomas Meinert / pixelio.de

Weitere Bücher finden Sie auf **www.hansebooks.com**

HENRISONE'S FABELDICHTUNGEN.

INAUGURAL-DISSERTATION

ZUR ERLANGUNG

DER PHILOSOPHISCHEN DOCTORWÜRDE

AN DER

UNIVERSITÄT LEIPZIG

VORGELEGT

VON

ARTHUR RICHARD DIEBLER.

HALLE A. S.
DRUCK VON EHRHARDT KARRAS.
1885.

MEINEM HOCHVEREHRTEN LEHRER

HERRN PROF. DR. RICHARD WÜLKER

IN AUFRICHTIGSTER DANKBARKEIT

ZUGEEIGNET.

Inhalt.

	Seite
Name, lebensstellung und lebenszeit unseres dichters	1
Genauere datierung der fabeln[1]	8
Charakteristik Henrisone's, seine dichterische fähigkeit und seine behandlungsweise des stoffes, mit besonderer berücksichtigung seiner fabeln	12
Vers- und strophenbau der fabeln	16

  A. Strophenbau s. 16. — B. Versbau s. 18. — Die cäsur s. 21. — Alliteration s. 24. — Qualität und quantität der stäbe s. 27. — Binnenreime s. 30. — Der endreim s. 30.

Analyse, quellen, beeinflussungen und nachweisungen der einzelnen fabeln   32

  1. prolog s. 35. — 1. fabel s. 37. — 2. fabel s. 39. — 3. fabel s. 42. — 4. fabel s. 46. — 5. fabel s. 48. — 6. fabel s. 56. — 2. prolog, 7. fabel s. 59. — 8. fabel s. 62. — 9. fabel s. 64. — 10. fabel s. 70. — 11. fabel s. 77. — 12. fabel s. 79. — 13. fabel s. 81.

Verhältniss der fabeln zu den quellen (kurze zusammenfassung) . . 85

---

[1] Den text dieser fabeln werde ich nach der Harl. hs. 3865 im 1. hefte des IX. bandes der 'Anglia' zum abdruck bringen lassen; derselbe wird auch mit glossar und mit dieser dissertation als einleitung versehen nächstdem im verlage des herrn Max Niemeyer in Halle separat erscheinen.   Der verf.

Name, lebensstellung und lebenszeit unseres dichters.

Durch das während der letzten jahrhunderte mangelnde interesse und verständniss für die nationalliteratur Schottlands hat sich, indem gewiss manche höchst wichtige anhaltspunkte für die literar- und kulturhistorische forschung ungenutzt der vergessenheit überlassen worden sind, über das leben und wirken der meisten altschottischen dichter ein tiefes dunkel gelagert, dessen aufhellung der philologischen forschung bisher nur sporadisch gelingen konnte. Vielfach gilt dies auch von unserm dichter Robert Henrisone, von dem uns neben seinen werken nur wenig mehr als sein name bekannt wird. Doch auch dieser hat veranlassung zu einigen kontroversen gegeben, insofern als es eine lieblingstheorie der neueren schottischen und englischen literarhistoriker war, unsern dichter mit Robert Henderson, dem stammvater der besitzer von Fordell zu identifizieren. Besonders hat sich Laing in seiner für Deutschland fast unzugänglichen ausgabe der 'Poems and Fables of Henryson', Edinb. 1865, für die verbreitung dieser annahme begeistert, und ohne einen einzigen annähernd stichhaltigen grund zu geben, viele seiten mit einer nichts beweisenden genealogie von des dichters vermeintlichen nachkommen aus Douglas's 'Baronage of Scotland' [Edinb. 1798, s. 518 ff.] gefüllt, wodurch er die familie unseres dichters mit etwas dilettantischer übereilung bis auf den ihm befreundeten Dr. Henderson fortzuführen sucht. Zur zurückweisung jener identifizierung scheint es mir zunächst erforderlich, einmal endgiltig die schreibweise von unseres dichters namen festzustellen; und hierfür bieten sich uns die einzigen authentischen anhaltspunkte aus seinen lebzeiten in den akten der universität Glasgow und in den archiven der stadt Dunfermline, wo er sich in weiter unten zu gebenden citaten Henrisone, Henrison und Henrisoun ge-

schrieben findet. Von diesen drei schreibweisen ist zweifellos
die erste als einzige richtige anzusehen, da sie die autorität
einer universität für sich hat, während die andern beiden von
gewöhnlichen stadtschreibern herstammen und sich ausserdem
leicht als falsche lesungen der richtigen form auf folgende
weise paläographisch erklären lassen: Das auslautende -e wurde
in handschriften des 15. und 16. jahrhunderts vielfach durch ein
kleines häkchen ersetzt, das aber sehr oft auch als bedeutungs-
loser zierat angehängt wurde und auch als solcher angesehen
werden konnte; mithin erklärt sich die falsche schreibweise
'Henrison' sehr leicht. Andrerseits aber wurden solche häkchen
auch ganz gewöhnlich für n geschrieben und konnten z. b. in

soṅ, soṅ, soṅg, soṅ

gar leicht zu der falschen auflösung in soun verleiten, indem
das eigentliche n (hs. /ᴗ/) fälschlich für u und das daran
hängende häkchen für n gelesen wurde, so dass sich also für
unsern dichter die korrumpierte form 'Henrisoun' ergeben würde.
Es ist mithin auch leicht anzunehmen, dass jene schreiber zu
Dunfermline sich derartige lapsus zu schulden kommen liessen.[1]
Die erst im 16. jahrhundert und noch später auftauchenden
schreibweisen, wie Henryson, Henrysoun, Henderson, Hendryson,
Henrisson etc. sind eo ipso als unmassgebliche auszuschliessen.
Die annahme, Henrisone als die zuverlässigste form anzusehen,
wird auch durch einen druck von 1570 (s. u.) gestützt, der
wider auf einen kurz nach Henr.'s tode angefertigten zurück-
geht und unsern dichter auch in dieser weise schreibt.

Somit kann der name Henderson, wie er sich in allen
chartularies ausschliesslich für die besitzer von Fordell-Castle
geschrieben findet [bei Irving, Hist. of Scot. Poetry, s. 208 fälsch-
lich Henrysone], nicht auf unsern dichter bezogen werden,
zumal der nicht geringe phonetische unterschied beider formen
absolut keine erklärung für die identität zulässt. Ferner führten
die Henderson's von Fordell-Castle ein prachtvolles wappen-
schild mit helmbusch und dem motto: 'Sola virtus nobilitat!',
zählten sich also gewiss nicht zum gewöhnlichen volke. Wären

---

[1] Eine etwaige annahme, dass der schreibweise 'Henrisoun' ein-
fach eine etwas andere aussprache des richtigen namens zu grunde liege,
scheint mir bedenklich.

nun beide familien identisch gewesen, so würde unser dichter
sein standesgefühl wol schwerlich in soweit verleugnet haben,
wie es doch meines erachtens der fall wäre, indem er in seinen
fabeln, v. 1318 ff. sagt:

'We puir peple, as now may do no moir
Bot pray to the, sen that we ar opprest
In to this cirth, grant ws in hevin gude rest'.

In betreff der lebenszeit und des berufs unsers dichters
sind die bisherigen angaben bei Hailes, Sibbald, Irving etc.
grösstenteils nur als unbestimmte konjekturen anzusehen. Einen
höchst willkommenen anhalt erlangen wir zunächst aus den
vorerwähnten Monumenta Almę Universitatis Glasguensis, wo
sich im zweiten bande s. 69 folgende zwar schon von Laing
erwähnte, aber wenig ausgebeutete angabe findet:

'Anno Domini MCCCCLXII° die decimo mensis Septembris In-
corporatus fuit venerabilis vir Magister Robertus Henrisone, in Artibus
Licentiatus et in Decretis Bachalarius'.

Da im mittelalter die englischen und schottischen universi-
täten nach dem muster der pariser universität gegründet waren
(Glasgow 1451), so haben wir zweifellos die hier userm dichter
beigelegten akademischen grade auch nach den allgemeingil-
tigen institutionen der Sorbonne zu deuten. Darnach hatte Henri-
sone also im jahre 1462 seine akademischen studien bereits be-
endet, besass den philosophischen doctorgrad[1] und die licenz,
in den freien künsten zu dozieren, und hatte sich auch bereits
so weit in das studium des kanonischen rechts vertieft, dass
er darin den ersten grad erlangt hatte. Die bezeichnung dafür:
'in Decretis Bachal.' bezog sich nicht auf das bürgerliche recht,
sondern lediglich auf die facultas decretorum vel juris cononici.[2]

Mit einer solchen vorbildung kam er also im jahre 1462
an die damals noch junge universität Glasgow, um daselbst
wahrscheinlich als angehender dozent vorlesungen über ver-
schiedene disziplinen der liberales artes zu halten [von deren
kenntniss er auch vielfach proben in seinen fabeln gibt, vgl.
v. 621—646, 1636 ff., 1659 ff. etc.] und um gleichzeitig wol noch
collegia über das zivilrecht zu hören. Daher dürfen wir auch

---

[1] Siehe Du Fresne, Glossarium med. et infimae latinitatis, Paris 1845:
'Magistri iidem sunt qui doctoris lauream consecuti sunt'. Schelling, Zur
Geschichte der akad. Grade, Erlangen 1880, s. 5: 'In Frankreich wurden
geradezu die doctoren fast ausschliesslich Magistri oder Maitres genannt'.
[2] Nach der berühmten sammlung des Gratian; s. Schelling ibid.

sicherlich seine in den fabeln v. 1373 dem Aesop in den mund
gelegten worte:
'In ciuile law [I] studiit full mony ane day'
auf ihn selbst mitbeziehen. Nur erst aus seiner vertrautheit
mit beiden rechten erklärt sich seine auffällige vorliebe für
schilderung juristischer prozesse (5. und 6. fabel] und für ein-
kleidung von dialogen in gerichtliche plaidoyers [6., 10. und
12. fabel].

Wo er jene vorbildung genossen und seine grade erlangt
hatte, wird sich kaum je mit bestimmtheit nachweisen lassen.
Aus seiner vertrautheit mit dem wesen der mönche, wie sie
sich in mehreren fabeln bekundet, scheint Henrisone seine
jugenderziehung in einer klosterschule genossen zu haben und
konnte dann wol eine weitere ausbildung in dem ca. 1446 von
Jakob I. zu Edinburg gestifteten Franziskanerkloster erlangt
haben, wo auch theologie und philosophie gelehrt wurde. Auf-
fällig muss erscheinen, dass sein name sich nicht in den akten
der einzigen damals bestehenden schottischen universität St. An-
drews findet, die bereits 1411 gegründet war, weshalb wir an-
nehmen müssen, dass er seine studien in England oder im aus-
lande machte. Die 1451 gegründete universität Glasgow kann
dabei nicht in frage kommen, da Henrisone seinem alter nach
schon gegen ende der vierziger jahre eine universität bezogen
haben muss. Da gegen Oxford und Cambridge das fehlen
eines eintrages spricht, so liegt es am nächsten, dass er der
sitte vieler junger Schotten folgte und in Paris studierte. Dafür
scheint auch seine kenntniss der französischen fuchsromane
(siehe quellenuntersuchung) zu sprechen, wie auch besonders
der umstand, dass er nur bachalarius in 'Decretis' war. Nach
Schelling (s. o.) bestand die juristische fakultät zu Paris nur
in einer facultas decretorum vel juris canonis, nachdem das
römische zivilrecht schon lange vorher arg vernachlässigt und
durch eine dekretale Honorius' III. die vorlesungen darüber
geradezu verboten worden waren (bis 1679). Auf diese weise
würde sich sein nachheriger besuch der universität Glasgow treff-
lich durch die absicht erklären lassen, sich die noch mangelnden
kenntnisse im zivilrecht anzueignen. — Gänzlich verfehlt scheint
es mir, wie Laing aus dem 2. prologe, v. 1370 ff.:

'— — — — — — I am of gentill blude,
My natiue land is Rome withouttin nay;

And in that toun first to the scolis I yude,
In ciuile law studiit full mony ane day',

die Henr. dem Aesop in den mund legt, daranf schliessen zu
wollen, dass unser dichter in Rom studiert habe. Wäre dies
der fall, so würden sich gewiss irgendwo in seinen werken
spuren italienischer muster finden. Jene worte im prologe er-
klären sich einfach aus der verworrenen kenntniss, die man
im mittelalter von Aesop besass und nach der z. b. Lydgate,
ihn auch für einen Römer haltend, im prolog zu seinen fabeln
v. 8 ff. sagt:

'Vnto my purpos this poyet laureat,
Callyd Ysopes, did him so occupy,
Whylom in Rome, to please the senat,
Fonde out fabules etc.   [Harl. Ms. 2251, fol. 253ᵃ]

Jener eintrag in Glasgow von 1462 berechtigt uns auch
zu schlüssen über Henrisone's damaliges alter. Das ihm bei-
gelegte epitheton 'venerabilis' bezeugt, dass er wol mindestens
30 jahre alt sein musste, was also für sein geburtsjahr 1432
als terminus ad quem ergeben würde. Für seinen geburtsort
lässt sich leider kein anhalt mehr finden, doch da er seine
werke im dialekte von Fife schreibt und diesen in den fabeln
v. 31 als seine 'mother tonug' und v. 36 als 'hamelie language'
bezeichnet, so unterliegt es keinem zweifel, dass wir seine
heimat in Fife zu suchen haben. Von mitte der fünfziger jahre
an, jedenfalls nach beendigung seiner studien, muss er wider
in Schottland gewesen sein; dies beweist sein gedicht: 'Ane
prayer for the Pest'. Wie aus der 57. act of James II. hevor-
geht, wo maassregeln gegen die weitere verheerung der pest
angeordnet werden, wütete diese 1456 in Schottland, mithin
muss Henrisone zu jener schreckenszeit selbst in seinem lande
gewesen sein. Während dieser jahre bis zu seinem aufenthalt
an der universität Glasgow war er jedenfalls schon als lehrer
tätig gewesen, worauf er sich wol durch erweiterung seiner
rechtskenntnisse eine sicherere lebensstellung zu bieten suchte.
Wie aus einigen zeugnissen hervorgeht, in denen er später als
'notarius publicus' erwähnt wird, scheint er sich in Glasgow der
notariatskunst befleissigt zu haben, die schon vom 13. jahrhun-
dert an als eigene disziplin an universitäten gelehrt wurde und
in der sogar die doctorwürde erlangt werden konnte.[1]

---

[1] Vgl. Savigny, Gesch. des röm. Rechts im Mittelalter. II, s. 469 ff.

Rechtsgelehrter von beruf ist unser dichter aber sicherlich
nicht geworden, denn sonst würde er die schattenseiten und
mängel der damaligen rechtspflege nicht so unumwunden in
seinen fabeln gegeisselt haben; so wendet er sich z. b. v. 2288
gegen die kostspieligkeit der prozesse, durch die den armen oft
der rechtsweg versperrt bleiben müsse, v. 2715 ff. gegen die
rechtsverdreher, v. 2721 ff. gegen die kniffe und chikanen, durch
die sich jener stand so oft herabwürdige etc. (vgl. besonders die
moralitas zur 6. fabel, v. 1265 ff.). — Die anhaltspunkte über
seine vorerwähnte tätigkeit als notarius finden sich im Re-
gistrum de Dunfermelyn, fol. 63ᵃ⁻ᵇ:

'Testibus Willelmo de Monteth, Willelmo Stewart, Magistro Ro-
berto Henrison, publico notario, cum aliis ...... Datum apud
Dunfermelyn XIXº die mensis Martii A. D. MºCCCCLXXVIIº'.
und ebendaselbst fol. 64ᵃ:

'Testibus ...... et Magistro Roberto Henrisoun, notario
publico, cum aliis multis. Datum apud Dunfermelyn VIº die mensis
Julii A. D..MCCCCLXXVIII'.

Hiernach war also unser dichter in den jahren 1477—78 be-
stimmt in Dunfermline, und seine hinzuziehung als testis lässt
vermuten, dass er schon einige zeit vorher dort gelebt hatte,
vielleicht seit seinem verlassen der universität Glasgow (ca.1465).
Lord Hailes in den Ancient Scottish Poems, Edinb. 1770, s. 273
sagt über seine dortige stellung: 'I suppose his office to have
been that of Preceptor of youth in the Benedictine Convent
of Dunfermline', und Sibbald in seinem Chronicle of Scottish
Poetry I, s. 87 fügt dem noch hinzu: 'perhaps what was then
called Professor of Art and Jury'.

Mit ziemlicher sicherheit können wir auf grund seiner
gelehrten bildung annehmen, dass er nicht ein gewöhnlicher
schulmeister war, sondern eine lehrerstelle an irgend einer
höheren schule bekleidete. Durch seine juristischen studien
hatte er sich sowol in bürgerlichen wie in kirchlichen rechts-
fragen eine gewisse autorität erworben, so dass er noben-
her auch zur intervention mit juristischer kompetenz in allen
rechtsangelegenheiten hinzugezogen werden konnte. Chalmers[1]
bemerkt, dass fälle, in denen höhere lehrer in chartularios als
zeugen zugezogen wurden, sehr oft vorkamen. Wenn jedoch

---

[1] Preface of Henrisoue's Robene and Makyne, Edinb. 1824. S. VII,
note 2.

Irving¹ darauf hinweist, dass vorwiegend geistliche zur ausübung juristischer assistenz berechtigt waren, so lässt sich daraus noch keineswegs der schluss ziehen², dass auch unser dichter ein geistlicher gewesen sein müsse. Dagegen spricht vor allem seine bezeichnung als 'Scolmaister' in handschriften und älteren drucken; ferner lässt sich dagegen geltend machen die letzte strophe in der 13. fabel, v. 2969 ff., wo Henrisone die weitere nutzanwendung jener fabel den predigern (freiris) überlassen will. Dass allerdings manche seiner moralitäten einen religiös-tendenziösen stempel tragen, ist lediglich seiner frommen gesinnung zuzuschreiben, mit der er glaubt, sein wirken auch für die allgemeine förderung der religiosität einsetzen zu müssen. Ausserdem stand er natürlich schon durch seine vertrautheit mit dem kanonischen rechte etwas im geistlichen bannkreise.

So haben wir uns also unsern dichter von ca. 1465 an bis zu seinem ende als geistig hochstehenden lehrer zu Dunfermline vorzustellen [vgl. den titel der Harl.-hs. 3865 und das folgende citat], der auch offiziell dem amte eines notarius publicus oblag, der sich ferner durch seine dichtungen einer allgemeinen popularität erfreute und wegen seiner vielseitigen bildung und patriarchalischen gesinnung vielfach als vertrauensmann und testis bei abfassung von dokumenten u. dergl. hinzugezogen wurde.

Für sein todesjahr gewinnen wir einen willkommenen anhalt aus Dunbar's 'Lament for the Death of the Makaris'³, wo unsers dichters in folgenden worten erwähnung getan wird:

'In Dunfermline he has done roun,
Gud Maister Robert Henrisoun'.

Diese stelle wurde von den literarhistorikern, die bisher über Henrisone schrieben, entschieden zu oberflächlich zu rate gezogen, indem sie sein todesjahr ca. 1506 ansetzten. Doch war jenes gedicht vielleicht schon viel früher verfasst worden und konnte nur nicht eher als 1508 im drucke erscheinen, da die ersten schottischen drucker, Chepman und Myllar, überhaupt erst am 15. September 1507 das privilegium für die einführung der neuen kunst erhielten. Ferner nennt aber Dunbar, der die makare chronologisch aufführt, so wie sie einander in den tod

---
[1] Hist. of Scot. Poetry, s. 209.
[2] Wie es Irving tut, indem er sagt: 'If Henr. was a notary, it is highly probable that he was also an ecclesiastic'.
[3] Zuerst gedruckt im jahre 1508 von Chepman und Myllar, Edinburg.

folgten, nach unserm dichter noch u. a. m. als gestorben den
Quintine Schaw und Walter Kennedy. Dies ist insofern
höchst wichtig, als diese auch in dem bereits 1501 verfassten
'Palice of Honour' des Gavin Douglas als heimgegangene dich-
ter erwähnt werden. Mithin muss auch Henrisone im jahre
1501 schon tot gewesen sein; ja wir können sein todesjahr
mit grösster wahrscheinlichkeit noch einige jahre weiter zu-
rückdatieren, da in dem erwähnten gedichte Dunbar's ausser
Qu. Schaw und Kennedy auch noch Johne de Ros und
Stobo nach unserm dichter als gestorben betrauert werden.
Diese vier genannten makare folgten dem Henrisone also noch
vor 1501 im tode, so dass wir wol berechtigt erscheinen, circa
1495 als todesjahr unseres dichters anzunehmen. Von allen
in Dunbar's 'Lament' direkt vor Henrisone als tot betrauerten
dichtern [Blind Harry, Johnstoun, Mersar, Rowll of Aberdene
und Rowll of Corstorphyn] wissen wir leider keine bestimmten
daten, durch die wir einen terminus a quo für das todesjahr
erhalten könnten. Die annähernd richtigste datierung für Henri-
sone's lebenszeit ist also nach den bisherigen ausführungen auf
etwa 1430—1495 anzusetzen.

Wie aus einer etwas anektodenhaften erzählung des Sir
Francis Kinaston hervorgeht[1], soll unser dichter an der diarrhöe
('flux') gestorben sein, nachdem er noch mit einigen improvi-
sierten sarkastischen versen die sympathetische heilung durch
ein altes weib zurückgewiesen habe. — Zu irdischen schätzen
hatte er es jedenfalls nicht gebracht, wofür sich in seinen fabeln
manche belege finden lassen, z. b. v. 1318 'We puir peple' oder
v. 1298 'Peillit full bair, and so is many a one' etc. Als ein
nachkomme unseres dichters ist mit grosser wahrscheinlichkeit
ein gewisser Henry Henryson anzusehen, der nach dem Edin-
burger Privy Seal Register vom jahre 1529 damals zum rektor
der dortigen Grammar School ernannt wurde.

Genauere datierung der fabeln.

Der frische geist, der durch dieselben weht, die vollen-
dung der form und das vorwiegen des satirischen elementes
veranlassen mich zunächst, die fabeln in Henrisone's blüte-

---

[1] Mitgeteilt von Chalmers in seiner ausgabe von 'Robene and Ma-
kyne' für den Bannatyne Club, Edinb. 1824.

zeit, d. h. unter der regierung Jakob's III. anzusetzen. Die
unterdrückung des niederen standes durch den adel und die
grossgrundbesitzer [vgl. v. 1318 ff., 1259, 1298, 2728 ff., 2742 ff.],
die bestechlichkeit und sittliche verderbtheit, die allenthalben
das wol des landes untergraben, [vgl. die moralitäten der 1.—5.,
8., 10. und 13. fabel], das parteiliche verfahren von oben herab
[v. 1589—90], die ungeordneten staatsverhältnisse und die un-
sichere staatsverwaltung, die kaum sich gegen 'tressoun' und
'rebellioun' zu schützen vermag [v. 1519, 1617], die abtrünnig-
keit der lords vom angestammten königshause [v. 1618—19],
die von jenen gegen den könig eingeleiteten intriguen [v. 601 ff.,
1611 ff., 2772—3, 2920 ff.], und die fürbitte für den könig, Gott
möge ihm endlich mut und kraft verleihen, jene 'wölfe des
reiches' zu entlarven und zu verbannen, — dies alles spricht
in bereter zunge für die schwache regierung Jakob's III. Die
anregung zur abfassung erhielt unser dichter, wie er v. 34
selbst sagt, durch einen lord, dessen namen er leider ver-
schweigt, der aber sicherlich eine hochgestellte, treu königlich
gesinnte persönlichkeit unter Jakob III. war und sich für die
ethische und religiöse veredlung seines volkes durch dichter-
worte erwärmte. Henrisone verstand es wol, diesem idealen
ziele homogenen geist und wort in seinen fabeln zu leihen;
und die unerschrockenheit, mit der er das unlautere treiben
der grossen an den pranger stellt, mit der er seine stimme
sogar bis an des königs ohren ertönen lässt, wie die väter-
lichen ermahnungen, die er an sein volk richtet, geben uns
den weiteren beweis, dass er die fabeln im reiferen mannes-
alter schrieb, also während seiner lehrertätigkeit zu Dunferm-
line. Dem widersprechen auch nicht die anhaltspunkte, die
wir an einigen stellen der fabeln finden, z. b. v. 1611 ff., wo auf
frühere politische umtriebe angespielt wird:

> 'For hurt men writis in the merbill stane.
> Mair till expone as now I let allane,
> Bot king and lord may weill wit quhat I mene;
> Figure heirof oftymes hes bene sene'.

Diese stelle bezieht sich ohne zweifel auf die racheakte Dun-
bar's, des grafen von March gegen Robert III., ferner Robert
Graham's gegen Jakob I. und Douglas's gegen Jakob II. —
Das mächtige haus Douglas lag mit dem könig von 1451—55
in ernstem konflikt, und diese wie die vorgenannten revolten

waren sicherlich noch unter Jakob III. in ungeschwächter erinnerung, so dass auch unser dichter in seinen fabeln noch die warnung vor derartigen feindseligkeiten an jene ereignisse anknüpfen konnte.

Einen positiven terminus a quo erlangen wir in v. 605 und v. 1316, wo der dichter die pest erwähnt. Diese suchte Schottland im jahre 1456 heim; da sich jedoch die furchtbare erinnerung daran noch lange nachher im lande frisch erhalten musste, so ergibt sich aus jenen versen keineswegs ein zwingender grund für eine so frühe datierung der fabeln. Mithin widerspricht auch die anspielung auf dieses ereigniss nicht einer weit späteren ansetzung derselben.

Seine praktische einsicht in die damalige rechtspflege konnte Henrisone in dem masse, wie er sie in den fabeln bekundet, nur während seiner notariatstätigkeit zu Dunfermline gewonnen haben; kombinieren wir nun diesen umstand mit seiner einsichtsvollen denkweise wie mit den in seinen fabeln geschilderten politischen verhältnissen, unter denen Jakob III. schon eine reihe von jahren regiert haben musste, so kommen wir zu dem schlusse, dass Henrisone erst in den siebenziger jahren des 15. jahrhunderts seine fabeln zu schreiben begann.

Gehen wir nun über zu dem resultate, das sich aus der quellenforschung für die daticrung ergibt. Demnach zerfallen die fabeln in drei gruppen:

1. gruppe, die fabeln 1, 2, 6, 7, 8, 12 und 13, zu denen ihm die lateinischen distichen des Anonymus als quelle dienten. Mit diesen sieben fabeln begann er, wie der 1. prolog (besonders v. 27—32) zeigt, seine tätigkeit als fabeldichter. In allen hält er den Aesop für einen römischen poeta laureatus und die distichen für dessen originaldichtungen. Für diese sieben fabeln ist ca. 1485 als terminus ad quom anzunehmen, da im jahre 1484 die Caxton'sche fabelsammlung erschien, die mit ihrer genauen biographie Aesop's sehr bald in England und Schottland ein aufklärendes licht über die nationalität jenes phrygischen fabulisten verbreitete. Nach 1485, und bis dahin war ihm jene sammlung gewiss bekannt geworden, hätte Henrisone nicht mehr jene irrige meinung über Aesop haben können. Dass Henrisone aber Caxton's druck wirklich gekannt hat, erhellt aus seiner 11. fabel, die er jenem entlehnte [vgl. quellenuntersuchung].

II. gruppe, umfasst die 3., 4., 5., 9., 10. fabel, die sämmtlich unter dem wesentlichen einflusse der Reinhartscpen entstanden. Das interesse für jene wurde in unserm dichter geweckt durch das erscheinen von Caxton's 'Historye of Reynard the Foxe', im jahre 1481, worauf er sich mit ausländischen, vorwiegend französischen fuchsromanen vertraut machte. Als produkte dieser nenen richtung sind auch die 3. und 10. fabel anzusehen, obgleich erstere eine nachahmung Chaucer's ist und letztere auf die Disciplina Clericalis des Petrus Alfonsi zurückgeht [siehe quellenuntersuchung]. Da nun aber Henrisone in dieser 10. fabel den Aesop als seine quelle angibt, während ganz dieselbe auch in der Caxton'schen fabelsammlung enthaltene erzählung dort richtig dem Alfonsi beigelegt ist, so gewinnen wir auch für diese ganze gruppe das jahr 1485 als terminus ad quem.

In der letzten, III. gruppe, wendet sich unser dichter wider den Aesopischen fabeln zu und entlehnt die einzig hierher gehörige 11. fabel der Caxton'schen sammlung (beim Anonymus findet sie sich nicht).

Ueberblicken wir nun diese drei gruppen, von denen einer jeden andere quellen zu grunde liegen, so können wir die grenzen der datierung noch enger schliessen. So kann zunächst die erste gruppe kaum früher oder später als ca. 1476—82 ververfasst sein; ein früherer anfangstermin ist aus weiter oben angeführten gründen wie auch deshalb unwahrscheinlich, dass die fabeln kurz nach einander verfasst sein müssen, ein späterer, weil die neue anregung durch Caxton's 'Historye of Reynard' unsern dichter von der benutzung des Anonymus ablenkte und ihn auf andere quellen lockte.

Diesen folgend schrieb er die zweite gruppe (fabel 3, 4, 5, 9 und 10) etwa in den jahren 1482—1484(5), worauf er durch das erscheinen von Caxton's sammlung (1484) wider eine neue anregung empfing und jenem drucke den stoff zu seiner 11. fabel entlehnte, diese also wol ca. 1485(6) verfasste. Nach dem tode Jakob's III. kann dieselbe kaum verfasst sein, da wol Henrisone in der flucht des wolfes vor dem widder anlass für eine parallele mit Jakob's III. flucht nach der schlacht bei Bannockburn (1488) gefunden haben würde, auf der Jakob bekanntlich getötet wurde. Doch die gährung der politischen umtriebe kurz vor jener zeit deutet unser dichter an in v. 2607:

Bot he' wes wyse that bad his sone considder:
Bewar in welth, for hall-benkis ar richt slidder.

Die abfassungszeit der gesammten fabeln fällt somit circa 1476—86.

Die aufeinanderfolge der einzelnen nach ihrer chronologischen entstehung ist höchstwahrscheinlich folgende: 1, 12, 13, 6, 2, 7, 8, 3, 4, 5, 9, 10, 11, indem er in den ersten sieben die reihenfolge des Anonymus innehielt. Dass er die 13. und 2. fabel in kurzer zeit nacheinander verfasst hat, dafür spricht der umstand, dass er in beiden ein und dieselbe Lydgate'sche fabel benutzte, und aus jenes erzählung vom leben der mäusemann die initiative zu seiner zweiten fabel (stadt- und landmaus) empfing.

In den fabeln 3, 4, 5 steht die reihenfolge durch die entwicklung des stoffes fest; in der 4. fabel, v. 614/5 bezeugt sie der dichter selbst: 'Leif we this wedow' (von der die 3. fabel handelt), ebenso in der 5. fabel v. 796: 'This foirsaid fox etc.'

Die frage, ob er nach den uns überlieferten 13 fabeln noch andere geschrieben oder warum er aufgehört habe, weitere tiererzählungen zu verfassen, wird meines erachtens durch das erscheinen von Caxton's fabeln entschieden: Durch den gewaltigen stoff, der in jener sammlung enthalten war, und mit dem fast alle überhaupt bisher populär gewordenen fabeln auch für die nicht Latein kennenden laien in England und Schottland eingang fanden, war Henrisone wol zu der meinung gekommen, dass ein weiteres fabeldichten nichts sei als die absicht, eulen nach Athen tragen zu wollen.

Charakteristik Henrisone's, seine dichterische fähigkeit und seine behandlungsweise des stoffes, mit besonderer berücksichtigung seiner fabeln.

Man ist bereit gewesen, unsern dichter gering zu schätzen, ohne vorher erst einmal seine werke richtig kennen gelernt zu haben. Am wenigsten günstig urteilte Pinkerton in seinen 'Scottish Poems', London 1792, indem er sagt: 'He [Henrisone]

---
[1] Während Henr. bei abfassung seiner zehnten fabel noch nicht wusste, dass dieselbe eine Alfonsische sei, zeigt er an dieser stelle, dass er mittlerweile die Caxton'sche sammlung kennen gelernt, in der die erzählungen

has little merit, except his easy versification and ballad stanza,
rarely found in productions of that epoch'. Doch kann man
sich über ein solches urteil nicht wundern, da Pinkerton die
wenigen stücke, die er von Henrisone kannte und abdruckte¹,
nur erst aus zweiter hand [von Adam de Cardonnel] und zwar
so vielfach entstellt erhielt, dass ein darauf gestütztes urteil
vollständig wertlos ist. Aehnlich verhält es sich mit der kritik
von Lord Hailes und Sibbald, die beide bei unzureichender
kenntniss von Henrisone's werken ihm besonders den vorwurf
der weitschweifigkeit machen. Mit grösserer kompetenz und
günstiger beurteilen ihn Irving und Laing, indem sie seine
meisterhafte vielseitigkeit, originalität und geschicklichkeit auf
dem boden der didaktischen poesie hervorheben.

Ich will mich hier in eine genauere kritik seiner schreib-
und denkweise einlassen, zu der mir vorzugsweise die fabeln,
als des dichters hauptwerk, den stoff bieten sollen. Ueber die
geringere bedeutung mancher einzeldichtungen findet sich das
nötige bei Irving gesagt. Doch auf diesem gebiete der fabel
entwickelt er all seine macht in der behandlungsweise didak-
tischer poesie; in und zwischen den zeilen spricht zu uns seine
lebensweisheit, seine erfahrung in den stürmen des politischen
und sozialen lebens. Mit kühnen zügen und scharfer beobach-
tungsgabe schildert er die gebrechen und ränke seiner zeit,
beklagt er die entfremdung von der kirche [v. 1390 ff.]; mit
väterlicher milde mahnt er oft an die einzige zuflucht zum
rechten glauben und verwirft das raisonnement in der religion
[v. 1647 ff.], da die menschliche erkenntniss zu schwach sei,
Gott in seinem innersten wesen zu erforschen [v. 1643—59].
Doch bei dieser innigen hingabe an die höhere weltenordnung
und bei diesen streng moralischen grundgedanken tragen seine
fabeln keineswegs einen religiös kränkelnden ton oder etwa
theologische pedanterei zur schau, wie die in den 'Gesta Ro-
manorum' enthaltenen fabeln, sondern sie atmen durchweg
frische kraft des gedankens und anmut der diction; dabei
durchweht sie ein geistvoller und spielender humor, mit dem
der dichter fliessende und gewante darstellung, wie auch klar-

---

und ermahnungen des Alfonsi an seinen sohn gesammelt waren. Auf die
warnungen, die dort der sohn vom vater auch in bezug auf politische
überhebung empfing, spielt hier unser dichter offenbar an.
¹ Darunter keine fabeln.

heit und prägnanz des ausdrucks trefflich zu paaren weiss.
Sei es in seiner phantasievollen art der naturschilderung oder
der allegorischen einkleidung, sei es in der beschreibung einer
vision [prolog zur 7. fabel], sei es in der würdevollen sprache
religiöser didaktik, sei es endlich in bewältigung des stoffes
und dessen einkleidung in fliessende vers- und strophenformen,
überall ist er in gleicher weise meister.

Seine prägnante auffassung der fabel, sie solle belehren
und ergötzen [v. 20], ist nicht gering anzuschlagen, um so
mehr, als eine derartige kritik über das wesen einer dichtungsart für jene zeit wol einzig dasteht. Was er dort als
zweites erforderniss ausgesprochen, erfüllt er in vorzüglichster
weise und übertrifft in seiner humoristischen darstellung des
tierlebens mit all seiner fesselnden kleinmalerei, wie sie sonst
nur im tierepos widerzufinden ist, unsere mittelhochdeutschen
fabeldichter, wie auch Marie de France, bei weitem. Gegen
Lafontaine, der in seinen fabeln oft viel zu sehr mit sich selbst
beschäftigt ist, hat er den epischen takt und eine volle entfaltung des stoffes voraus. Während Lessing den leichten poetischen schmuck und den humor für die fabeln verschmäht,
ohne den die seinigen eigentlich nichts sind als maskierte
epigramme, fühlte Henrisone wol, ohne sich viel um grenze
und begriff der fabel zu kümmern, dass ihr die komische kraft
ebenso unentbehrlich sei wie eine gewisse sättigende fülle poetischer malerei. Seine tiere stattet er mit einer geradezu köstlichen naivetät aus, wie sie z. b. den Lessing'schen fabeln bis
auf die leiseste ahnung abgehen, und bei ihm behaupten die
tiere alle ihren natürlichen charakter; alles, was sie tun, interessiert schon an sich, ohne die spannung auf die erwartete moral.
Die verleihung menschlicher attribute und würden an seine tiere
ist oft von zündender komik. Der wolf kommt in mönchskleidern vom predigen, am rosenkranze betet er seine 'pater
noster' ab, während er an anderer stelle wider als gelehrter
'doctor of diuinitie' dokumente entziffern will; die kleine maus
sucht nach boot und fährmann, hat aber kein geld zur überfahrt; dem ertrinken nahe verlangt sie nach einem priester;
der frosch schwört den mördereid etc. etc. — das alles sind
züge, die mit ihrer burlesken darstellung des tierlebens einen
unwiderstehlichen reiz gewähren; und man wird zugestehen
müssen, dass diese anspruchslose und doch so lebendige dar-

stellung sich sehr zu ihrem vorteile von der trockenen, fast
epigrammatischen kürze ihrer vorbilder unterscheidet, wenig-
stens insoweit, als Aesopische fabeln in betracht kommen. Dass
Henrisone seine stoffe entlehnt hat, schmälert sein verdienst
keineswegs, ein verdienst, dass in dieser gattung der poesie
gewiss eher in der behandlung gesucht werden muss, als in
der erfindung. Durch eine einfache übersetzung der kurzen
lateinischen fassungen des mittelalters hätte er seinen fabeln
als werkzeug seiner philantropischen tendenzen sicherlich nicht
eine ebenso grosse verbreitung sichern können, als wenn er
sie mit eigener individualität reproduzierte und ihnen ein mehr
zeitgemässes gepräge aufdrückte, in dem seine nation ein
treues spiegelbild spezifisch schottischer verhältnisse erblicken
musste. Darin liegt der wert seiner fabeln für jene zeit, die
eine solche ausführlichkeit der paraphrasierung geradezu be-
dingte; und so glaube ich unsern dichter wol von dem ihm
oft gemachten vorwurfe der weitschweifigkeit rechtfertigen zu
können. Er hat es verstanden, die fabel aus ihrer nackten
objektivität in ein neues, individuelles und volkstümliches ge-
wand zu kleiden, in welchem er sie als eigenen literaturzweig
auf den boden Schottlands verpflanzte und heimisch machte.
Dieses verdienst, die fabel neben anderen dichtungsgattungen
zur selbständigkeit gebracht zu haben, ist ihm sogar für ganz
England zuzusprechen, denn weder Chaucer mit seiner erzäh-
lung des nonnenpriesters, noch Lydgate mit seinen fabeln, in
denen die tiersage selbst gegen die langen exkurse ganz zurück-
tritt, können den ruf als fabulisten beanspruchen und unserm
dichter jenes prioritätsrecht streitig machen. Auch von den
übrigen wenigen fabeln, die bis zu Henrisone's zeit nur ver-
einzelt in der englischen und schottischen literatur auftreten[1],
glaube ich mit vollem rechte absehen zu dürfen, um unserm
dichter für England den rang einzuräumen, den Marie de France
für die entwickelung der französischen fabel beanspruchen darf.
Während jene einen bedeutenden epigonen in Lafontaine fand,
hat in England und Schottland seit Henrisone noch kein dich-

---

[1] Vgl. die bei Mätzner abgedruckte fabel vom fuchs und wolf, oder
die bei Thoms in seiner einleitung zu 'Reynard the Foxe' erzählte fabel
vom wolf, fuchs und esel, die vor dem könig Lyon beichten (Percy Soc.),
oder die in Barbour's 'Bruce' eingeschobene fabel vom fischer und dem
fuchs.

ter, selbst Gay nicht, wider eine so bedeutende originalität auf
dem gebiete der fabel entwickelt.

Zur weiteren charakteristik seines dichterischen talentes
bedarf es an dieser stelle wol nur eines hinweises auf zwei
andere dichtungsgattungen, die Henrisone mit demselben er-
folge kultivierte; es sind dies das pastoral ('Robene and
Makyne') und die ballade ('The bludy Serk'), deren erst-
malige verwendung und einführung in Schottland auch ihm
allein zuzusprechen ist, und deren treffliche behandlungsweise
wie fliessende versform noch heute selbst im vergleiche mit
Spenser und Browne als unübertroffen dastehen.

Neben solch origineller dichtungsweise ist es auch seine
schwungvolle und wortreiche sprache, der er nicht minder be-
deutung zu danken hat. Seine terminologie ist für die philo-
logische forschung von hohem interesse, da sie auffällig grosse
hinneigung zum Romanischen und Nordischen zeigt. Henrisone
war somit nicht der geringste unter den schottischen dichtern,
die, dem streben des hofes folgend, der abneigung gegen die
südlichen feinde auch durch möglichste vermeidung von deren
sprachschatz ausdruck zu geben suchten. Durch seine ver-
wendung von vielen volkstümlichen wie auch archaistischen
worten finden sich bei unserm dichter die wichtigsten idio-
matischen erscheinungen der schottischen sprache vereint, die
neben dem staunenswerten wortreichtum, den er besonders bei
verwendung des stabreimes entfaltet, beachtung verdienen.

Vers- und strophenbau der fabeln.
A. Strophenbau.

Henrisone verwendet die durch Chaucer so beliebt ge-
wordenen fünftaktigen verse mit jambischem rhythmus, die er
zur rhyme royal (Chaucerstrophe) mit der reimstellung ababbcc
bindet. Zwei strophen (v. 754 ff. und 2947 ff.) mit ababbaa und
eine strophe (v. 2021 ff.) mit ababbbb fügen sich selbstredend
auch jenem hauptschema, indem die letzten beiden reime aa
resp. bb nur zufällig die üblichen reime cc vertreten. Von den
sämmtlichen 424 strophen, die seine fabeln nebst zwei prologen
enthalten, machen nur sieben eine ausnahme von dieser rhyme
royal, indem sie in der achtzeiligen sogenannten 'ballat-royal'
mit dem reimschema ababbcbc geschrieben sind [v. 365—396 und

v. 2910—2933]. Diese wenigen ausnahmen sind aber höchst
charakteristisch, indem sie sich nur da finden, wo ein refrain
die strophe schliesst. Dass sich hierin eine feste regel aus-
spricht, und dass der refrain geradezu die achtzeilige strophe
bedingte, zeigt unser dichter an der moralitas zur 13. fabel,
die einen eng zusammengehörigen komplex von neun strophen
bildet. Die ersten drei (v. 2910—2933) haben einen refrain und
sind daher achtzeilig; sobald der dichter jedoch den refrain
fortlässt, wie dies in den weiteren sechs strophen der fall ist,
schreibt er wider in der gewöhnlichen siebenzeiligen strophe.
In der moralitas zur 2. fabel (v. 365—395), die im ganzen aus
vier stanzen besteht, haben alle den refrain und sind dem-
entsprechend auch alle achtzeilig. In übereinstimmung hiermit
steht noch, dass sich in allen siebenzeiligen strophen nie ein
refrain findet, und so komme ich gegenüber der annahme
Schipper's in seiner 'Altengl. Metrik' s. 428: 'dass die ballat-
royal die ursprüngliche sei, und die rhyme royal sich erst
aus ihr entwickelt habe'¹ zu dem schlusse, dass der vorgang
gerade ein umgekehrter war, indem ja auch die refrainstrophe
in ihrem numerischen auftreten weit hinter der refrainlosen
zurücksteht. Die verwendung der ersteren unter benutzung
der achtzeiligen strophe schien, wie die dichtungen Chaucer's,
Lydgate's und Dunbar's zur genüge beweisen, vorwiegend nur
für moralisierende poesie beliebt zu sein, und so findet sie
sich auch bei Henrisone ausschliesslich nur in moralitäten
und nicht in der erzählung. Den refrain in der achtzeiligen
strophe auch durch einen anderen, beliebigen vers zu ersetzen,
scheint mir zunächst nur dichterische licenz gewesen zu sein,
die dann aber auch für refrainlose strophen zur regelrechten
benutzung der ballat-royal führte. Somit wäre durch die vermitt-
lung des refrains die weiterentwicklung der ursprünglicheren
rhyme royal zur achtzeiligen strophe naturgemäss zu erklären.
Der umstand, dass sich der refrain auch in der siebenzeiligen
strophe findet, ist als eine weiterbildung anzusehen, die sich
als analogie auch der achtzeiligen charakterisiert, indem jene
sowol mit als ohne refrain auftreten konnte.

---

¹ Die dort aus Chaucer's 'Actas Prima' zum beweise beigebrachte
strophe ababbcb enthält kaum ein überzeugendes moment, da sie ja nichts
als eine unvollständige, aber sonst regelmässig gebaute achtzeilige strophe
ist, der nur der achte vers mit dem reime c fehlt.

B. Versbau.

Das dem fünftaktigen jambischen verse zu grunde liegende normalschema von zehn silben erfährt in den fabeln eine mannigfache variation, indem dasselbe — je nach weiblicher cäsur oder weiblichem versausgang, je nach fehlendem auftakt zu versanfang oder nach der cäsur, je nach doppeltem auftakt, doppelten oder fehlenden senkungen — zu 9 bis 14 silben modifiziert werden kann. Die wol der theorie nach denkbare kombination von acht silben findet sich nicht in den fabeln, die von neun silben verhältnissmässig selten; so in v. 5, 15, 239, 1104; z. b.

And äls the cäus | thät thay first begän.

Die von zehn, elf und zwölf silben kommen am häufigsten und nahezu gleich verteilt vor; auch dreizehnsilbige sind noch ziemlich häufig (z. b. v. 12, 18 etc.), während vierzehnsilbige sich schon seltener finden. Ein beispiel dafür gewährt v. 46:

An-e sil-lo-gis-me pro-po-ne and eik con-clu-de.

In allen diesen versen, so silbenarm oder silbenreich sie auch sein mögen, lässt sich wol durch schwebende, silbenzählende betonung einerseits, wie durch verschleifung andrerseits ein gleichmässiger rhythmus leicht herstellen; doch liegt gerade in jener abwechslung eine trefl'liche und schwungvolle belebung des ganzen rhythmischen versbaues. Wie weit diese bei unserm dichter geht und wie sie sich darstellt, möge eine gründliche untersuchung der ersten 161 verse seiner fabeln (1. prolog und 1. fabel) lehren:

1. Fehlen des auftaktes.

a) in den versanfängen, findet sich siebenmal:

22 Fórther máir | ane bów that is ay bént
39 Tháirfoir méiklie I práy your réuerénce
92 Í had léuer ga scráp(it) heir with my náillis

ebenso v. 96, 138, 152 und 157.

b) nach der cäsur, zweimal:

5 And äls the cäus.| thät thay first begän
103 I wald häif sum meit, | gét it gif I mýcht.

Da das fehlen des auftaktes unter allen dichterischen licenzen dem rhythmischen feingefühl wol am ehesten widersprechen könnte, indem die eine hebung einen ganzen takt vertritt, so hat sie Henrisone auch möglichst vermieden. Ausserdem wird sie aber oft dadurch zur erträglichen licenz, dass jene hebung einen rhetorischen nachdruck hat; so in v. 92, wo das 'I' im gegensatz zu den v. 89 erwähnten 'gret lordis' steht, oder in

v. 103, wo das 'get' in rhetorischer weise das sehnliche verlangen des hahnes nach speise zum ausdruck bringt.

2. Doppelter auftakt.

a) zu anfang des verses, zehnmal:
  3 Thăir pŏlĭte térmes,
  45 In tŏ gŭid pŭrpois
  46 Ănĕ sillogisme,
  55 Sўnĕ in thair mýndis,
  103 I wăld haif,
  133 Ŏf ăll vicis, v. 144, 147, 148 und 153.

b) nach der cäsur, dreimal; doch würde dieser fall noch einen bedeutenden zuwachs erlangen, wenn man den unbestimmten artikel 'ane', der meist wol einsilbig ausgesprochen wurde, als zweisilbig mit hierher zählen wollte:
  34 Bŏt hĕ rĕqueist | ănd prēcĕpt of ăne Lórd
  58 In gay méter, | ăs pŏéte lăwriăte;
[diese betonung in 'poete' wird verbürgt durch v. 1377]
  75 Jowéllis ar tint | ăs ŏftýmes has bene sene.

3. Taktumstellung.

a) zu anfang des verses:
  16 Hăldĭs thŏ kirnell
  23 Wŏrthĭs vnsmărt,
  47 Pŭt In ĕxémpill
  60 Lăck thĕ disdăne
  68 Scrăipănd amăng
  75 Jowéllis ar tint, v. 82, 109, 111, 113, 132, 143 (zwölf fälle).

b) nach der cäsur:
  61 Ănd tŏ bĕgin, | first ŏf ăne cŏk hĕ wräte

c) mitten im verse:
  123 It măkis ăne mán stărk ănd victórioŭs
  135 Quha can eschéw pĕrrĕll ănd éventŭre.

d) taktumstellungen, die sich als rhetorische trochäen charakterisieren:
  11 Hailsŭm ănd gŭdĕ tŏ mănnĭs sŭstĕnénce
[in zwei takten anapästischer rhythmus],
  134 Quhá mŭy be hardie . . . .?
  115 Quhá căn ĕschéw . . . .?

analog v. 136; ein treffendes beispiel gewährt v. 793: Cefs ŏf yoŭr sĭn.

Diese rhetorischen trochäen können sich auch mitten in der rhythmischen reihe finden, wie v. 190:
  Tho hărtlĭe jŏy, | Lord Gŏd, gif yĕ hăd séne (o dass doch!)

oder nach der cäsur, wie in v. 137:

[Quha can gouerne] Without science? | ná măn, I yów assúro;
In diesem falle lyrische cäsur anzunehmen und 'man I' als
zufällige doppelte senkung zu betrachten, hiesse sicherlich
des dichters formtalent verkennen.

4. Doppelte senkungen mitten im verse:
1 fabīllīs óf ald póetrie
9 laúhoūrít with
10 Springīs thĕ flóuris
18 vndĕr ăne féinyeit
25 éirnīst fūll thóe(h)tis
36 hámĕlīe lánguage,
46, 54 cústŏm ănd dálўŭ rýte,

v. 55, 87, 92, 93, 94, 96, 109, 110, 126, 136, 152 etc., also in mehr als
zwanzig versen, ca. 13%.

5. Fehlen der senkung mitten im verse, wobei zerdehnung oder schwebende, silbenzählende betonung statt hat, findet sich unter den ersten 161 versen achtmal:
3 Thair políte térmes of swéit réthorie
44 That brūt béistis spàk; .v. 58 In gáy méter
89 To grét lordis (an anderer stelle auch greit geschrieben)
94 As drāf, or córne, smáll wórmes or snáillis
104 For húngrie mén may nócht léue on lúikis
110 of áll stánis the floúr
147 In hĭr dráf-tróch wald sáw précious stanis.

Dieser letzte vers, in dem sich dreimal eine solche schwebung widerholt, ist von hohem onomatopoetischem werte, indem durch den rhythmus gleichsam das hineinstreuen der edelsteine in den trog sprachlich nachgeahmt wird. Eine ähnliche poetische kunstfertigkeit ist auch zu beobachten in
v. 1331 The groúnd grówand with grás grátioús,
oder 869 With grás grówand gritlle góde and gáy,
wo er das aufwuchern der grünenden vegetation in den bereich seiner rhythmischen sprachmalerei zieht. Durch diese unter 1—5 angestellten erörterungen ergibt sich der gegenbeweis für Schipper's annahme (Altengl. Metrik, s. 508): 'dass das fehlen des auftaktes bei Henrisone gar nicht oder nur höchst selten vorkomme' [siehe unter 1], 'dass das fehlen einer senkung im innern des verses nicht leicht zu konstatieren sei' [s. unter 5], 'dass doppelte senkungen nur vereinzelt vorkommen' [s. unter 4, resp. 2], 'und dass taktumstellungen zu den seltenheiten gehören' [s. unter 3]. — Somit ist durch

diese untersuchungen auch gleichzeitig der beweis geliefert,
dass Henrisone keineswegs die bei ihm vermutete einseitigkeit
besitzt, in seinen versen das silbenzählende prinzip mit dem
accentuierenden in einklang zu bringen.

Silbenverschleifung resp. synkope
findet sich in den fabeln so zahlreich, dass ich wol nur
auf einige drastische beispiele hinzuweisen brauche, wie v. 9
labourit with; v. 119 hamelic dýte; v. 128 Betakyñnis pérfíte
prudence; v. 133 and spirituale enemie (vokal. kontraktion).
Als zwingend erweist sie sich in den reimen: v. 1048 takis-
contumax, 1090 belyif-schrine, 1174 cause-lawis, 1384 venerable-
fubill, 2283 lullit-contrufit, 2479 kyith-swyth, 2689 assyis-
justice, u. a. m.
Einer eingehenderen untersuchung über die einzelarten der
silbenverschleifung glaube ich mich hier enthalten zu sollen,
da Ellis, Morris, Skeat, Schipper u. a. über diese punkte sowol
für das Altenglische wie auch Schottische bereits ausführlicher
gehandelt haben, und sich deren resultate, wie schon aus den
wenigen angeführten beispielen erhellt, auch bei Henrisone be-
stätigen. Ein gleiches gilt auch über die

apokope, resp. elision von ausl. oder flexiv. -e.
Das endungs -e kann mitten im verse je nach rhythmischem
bedarf verstummen oder nicht, ganz unabhängig davon, ob
einfache oder doppelkonsonanz, oder selbst ein vokal davor
steht z. b. v. 132 Háppie and stark, v. 57 Esópe as I haif tald.
Als zwingend erweist sie sich in endreimen wie v. 1538 wreik-
breke; 1615 exyld-childe; 1650 knawledging-heninge, 1891
wrait-applecate, 1945 luif-remufe, 2106 lyis-wyse, 2488 hoig-
doge, 2586 schuik-tuke u. a. m.

Die cäsur in Henrisone's fabeln.

Auch durch mannigfachen cäsurwechsel weiss unser dichter
dem rhythmus eine schwungvolle belebung und reiche ab-
wechselung zu verleihen. Eine genauere untersuchung möge
auch hierfür den beweis liefern und die art wie das relative
verhältniss der cäsuren unter einander festsetzen.

Da meines erachtens die freiheit des cäsurganges bei Henri-
sone eine unbeschränkte ist, indem keine der denkbaren cäsur-

arten sich bei ihm als nur zufällige oder ausnahmsweise darstellt, so unterlasse ich in folgendem die von Schipper, Skeat, Ellis u. a. gemachte einteilung in haupt- und nebenarten.

1. Cäsur nach dem ersten takte.
   a) männliche:
   7 Of man | be figure of ane vther thing   } mit enjambement.
   118 Of this | as myne author dois wryte
   121 The first | of cullour it was meruellous   } ohne enjambement.
   141 This cok | desirand mair tho sempill corne

   findet sich also in 161 versen (1. prolog und 1. fabel) viermal.
   b) weibliche oder epische: zweimal.
   132 Happye | and stark to win the victorie, mit enjambement.
   126 Or fyre | nor water him noidis not to droid, ohne enjambement.

   Mithin findet sich schon in den ersten 161 versen die cäsur sechsmal nach dem 1. verstakt; sie erfährt einen noch grösseren zuwachs, meist durch enjambements oder anreden veranlasst, in denjenigen fabeln, in welchen der dialog mehr zur geltung kommt.

2. Lyrische cäsur zwischen den beiden takttoilen des zweiten fusses:
   42 Correct It | at your willis gratious, ohne enjambement.
   133 Of all vieis | and spirituale enemie, mit enjambement.
   158 Of science | thocht the saule be bair and blind, ohne enjambement.

   Auch diese cäsurart erfährt bei dialogischer erzählungsweise grösseren zuwachs.

3. Cäsur nach dem zweiten takte.
   a) männliche:
   4 Richt plesand ar | vnto the eir of man
   5 And als the caus | that they first began
   6 Wes to reprene (reprelf) the haill misleuing

   analog v. 12, 15, 17, 21, 22, 23, 24, 27, 30, 33, 34, 37, 41, 48, 50, 61, 62, 65, 70, 72, 74, 75, 79, 80, 82, 84, 86, 88, 93, 103, 104, 105, 107 etc., im ganzen 55 mal, von denen man allerdings einzelne verse auch mit demselben rechte unter die gruppe rechnen kann, bei welcher sich vermischte cäsur findet.
   b) weibliche oder epische:
   8 In lyke maner | as throw the bustious eird
   11 Hailsum and gude | to mannis sustenence
   14 To gude purpois | quhä culd it weill apply,

   analog in v. 19, 20, 26, 35, 47, 58, 64, 76, 77, 81, 89 u. s. w., im ganzen 28 mal in den ersten 161 versen.

4. Lyrische cäsur zwischen den beiden takttoilen
des dritten fusses:
    9 Swa it bo labourit | with grit diligence
   10 Springís thö flourís | and the corne abreird,
analog v. 16, 18, 25, 36, 40, 67, 94, 109, 113, 134, 145, 154
(vierzehnmal).
5. Cäsur nach dem dritten takte.
  a) männliche:
   44 That brút béistis spák | ánd vnderstude
   57 This nóbill clérk Esópe | ás I haif tald
   59 Be figure wrait his búk | for he not wald,
ebenso v. 60, 68, 69, 71, 73, 87, 101, 112, 159, 161 (dreizehnmal).
  b) weibliche, lyrische, davon in genannten versen nur
ein beispiel:
   46 Ane sillogisme propónë | ánd eik conclude,
sie findet sich jedoch öfter in der dialogischen erzählung, die in
allen übrigen fabeln eine grössere rolle spielt als in der ersten.
6. Lyrische cäsur zwischen den beiden takttoilen
des vierten fusses:
   29 Of this authóur, my maisteris, | with your léif
   31 In móther toúng of Latín(g) | I wald preif,
ebenso v. 45, 52, 66, 136 (sechsmal).
7. Cäsur nach dem vierten takte.
  a) männliche:
    2 Be nót all gründed vpon trúth, | yīt thán (enjambement)
   63 Be buryit thus amang this múk | ön möld
   65 It is pietio I suld the fynd | for quhy
hier nur dreimal, doch bedeutend öfter bei dialogen.
  b) weibliche, lyrische, zweimal, relativ häufiger bei
dialogen.
   78 Sa mérvelhánd vpón this stánë | quöd hé (ohne enjamb.)
  152 Weill war that man ouer all vther | thät möcht (mit enjamb.).
8. Lyrische cäsur zwischen den beiden takttoilen
des fünften fusses:
   43 My áuthor in his fábillis téllís, | hów (mit enjamb.).
Auch diese art der cäsur nimmt nicht blos eine ausnahmestelle
ein, sondern findet sich ziemlich oft bei dialogischer rede.
Ueberraschend häufig findet sich in den fabeln die
verwischte cäsur,
in der wir ein treffliches beweismittel für die lebhaftigkeit der
erzählung und den fliessenden stil der ganzen dichtung zu
erblicken haben. Sie findet sich:

13 Out of the subtell dyte of poetry
32 To mak ane maner of translatioun
56 That thay in brutall beistis ar transformate,

ebenso v. 51, 53, 54, 90, 92, 96, 100, 106, 116, 117, 128, 129, 135, 143, 147, 151, bei denen man in einzelnen wenig fällen je nach auffassung vielleicht noch eine der vorgenannten cäsurarten anbringen könnte, oder zu denen man eventuell auch einige weitere, wie v. 1, 3, 38, 39, 55 etc. rechnen könnte.

Resumé: Am häufigsten findet sich die männliche cäsur, etwa in der hälfte der ganzen verse (vorwiegend nach dem 2. und 3. versfusse); die epische oder weibliche beherrscht circa 20 % (vorwiegend nach dem 2. takte), die lyrische ca. 18 % (grösstenteils mitten im 3. und 4. takte), die vermischte ca. 12 % der sämmtlichen verse. Somit ist auch hier gegen Schipper's annahme die grosse mannigfaltigkeit hervorzuheben, mit der die cäsur ihrer art wie ihrem gange nach bei unserm dichter auftritt.

Erwägt man nun die reichen variationen in Henrisone's versbau, mit denen er sowol durch gleichmässigen rhythmus den ruhigen gang der erzählung, wie durch rhetorische accentuierung den lebhaften ton der handlung oder des dialogs musterhaft zu treffen weiss, so wird man sein dichterisches formtalent nicht leicht unterschätzen können. Vergleicht man ferner die formgewantheit — die er auch neben seinen fabeln in der balladenstrophe geradezu künstlerisch betätigt — mit der Chaucer's, so ist man gewiss berechtigt, ihn in metrischer beziehung jenem grossen meister würdig an die seite zu stellen. In einem zweig dichterischer technik aber übertrifft er ihn, und das ist in seiner geschickten verwendung des stabreims.

Alliteration in den fabeln.

Indem Chaucer im wesentlichen betätigt, was er in den Canterbury Tales einmal über seine unfähigkeit im stabreimen sagt:

'— — — — I am a sotherne man
I cannot geste rom, ram, ruf by my letter',

leitete er durch seinen tiefeingreifenden einfluss indirekt den allmäligen verfall dieses versschmuckes strengerer richtung ein. Welch reiche entfaltung und allgemeine verwendung würde er dieser alliterierenden dichtungsart bei seinen nachahmern gesichert haben, wenn er dieselbe wenigstens im prinzip durchgeführt hätte! So fiel auch in Schottland dieses charakteristikum altgermanischer poesie, nachdem es in Holland's durchweg alliterierendem gedichte 'The Buke of the Howlat' wol die kunstvollste entfaltung gewonnen hatte, seit ausgang des 15. jh. mehr und mehr der vernachlässigung anheim. Diese tatsache bestätigen auch Henrisone's fabeln, in denen die alliteration, ohne mehr eine vorbedingung für die verbindung zu sein[1], nur noch schwankende und gruppenweise verwendung findet. Doch wo sie bei unserm dichter auftritt, zeigt sie eine erstaunliche kunstfertigkeit und offenbart besonders bei frappanter häufung den grossen wortreichtum, der ihm zu gebote stand. Mit besonderer vorliebe ist sie verwendet:

Zur rhetorischen kolorierung pathetischer reden, so z. b. v. 933—934 (rede des löwen):

'I rug, I reif all beistis that makis debait
Aganis the micht of my magnificence'

936/9 'My celsitude and my hie majestie
With micht and mercie myngit salbe ay;
The lawest heir I can full sone vp hie,
And mak him maister ouer yow all I may'.

1139 O mediatour! mercifull and meik,
1143 And help ws vp vnto thy heuinlie hall, u. a. m.

Zur belebung bei aufzählungen, so z. b. recht auffällig in der 5. fabel (v. 887—921), wo alle diese tiere angeführt werden, die zum parlamente kommen. Während vorher der stabreim sehr zurücktritt, beginnen diese verse:

The minotaur, ane monster mervelous,
Belleröphant, that beist of bastardrie etc.
901 The bull, the beir, the bugill and the bair
903 The hardbakkit hurcheoun and the hirpiland hair
911 The quhirand quhitret with the quhasill went, u. s. f.

Zur ausschmückenden schilderung glänzender gegenstände, so bei der beschreibung der leopardenkrone:

675/6 With jaspis joynit and royell rubeis rold
And mony diueris dyamontis dicht (falscher stabreim in diueris).

ähnlich v. 1349 ff. (Aesop's kleidung).

---

[1] Vgl. gedichte wie 'Cleanness', 'Patience', 'Morte Arthur', 'Buke of the Howlat' u. a. m., s. Rosenthal, Anglia I, s. 414 ff. Skeat, Essay on Alliterative Poetry [in 'Bishop Percy's Folio-Ms.', ed. Furnivall and Hales, London 1867, vol. III, s. XI ff.]. Schipper, Altengl. Metrik s. 205.

Zur ausmalung bei naturschilderungen:
- 866 ff. The ground was grene, and als like gold it glemis,
With gres growand gritlie gude and gay,
The spyce thay spred to spring on euerie spray, etc.
- 1268 ff. Quhen borias with blastis bitterlie
And hard frostis thir flouris doun can fald;
- 1321 ff. In middis of June, that joly swelt seasoun,
- bis 1341 Quhēn thāt fair phebus, with his bemis bricht
Had dryit vp the dew fra daill and doun etc. etc.
- 1632 ff. The winter come, the wickit wind can blaw,
The wodis grene war wallowit with the weit,
Baith firth and fell with frostis war mald faw,
Slonkis and slaik maid slidder(r)ie with the sleit.

Zur kontrastierenden schilderung von eiliger oder mühevoller bewegung; so bei der wanderung der stadtmaus:
- 163/4 Furth mony wilsum wayis can scho walk
Throw moß and mure, throw bankis, busk and breir
- 553 Full wichtilie thay throw wod and watteris went.
- 1041 To fetche watter this fraudfull foxe furth fure [nebenstab in furth];
- 733/4 Quhen this wes said, the wolf his wayis went
The foxe on fute he fuir vnto the flude
- 897 The reyndeir ran throw reueir, rone and reid
- 907 The foumart with the febert furth can flok
- 919 With haist scho haikit vnto that hill of hicht.

Dies letzte ist ein besonders drastisches beispiel, indem durch die widerholt reimende aspirata h das häufige atemholen der maus bei erklimmung des hohen hügels onomatopoetisch zum ausdruck gebracht wird; ähnlich beim entschlüpfen der vögel: .
- 1638 Bot hyit vnto housis thame to hide.[1]

Zur beschreibung erregter elemente: (stürmische wellen):
- 736 Bot quhen he saw the watter and wallis wonde;

Zur drastischen schilderug von plagen und leiden:
- 506/7 Quhilk houndit doun wes fra the heuinlie hall
To hellis hoill and to that hiddeous hous,

v. 1836/7 armseliger zustand der vögel bei hartem winterfrost:

---

[1] Dieser wie der vorerwähnte v. 919 geben auch zugleich treffliche belege für die beobachtungen Trautmann's (bei der alliteration in Gawein, Cleanness etc.), nach denen anlautendes h + vokal mit anlautendem blossen vokal alliteriert, also z. b.:
With haist scho haikit vnto that hill of hicht (fünf stäbe).

Tho foulis fair for falt thay fell of feit, (for hat nebenstab)
On bewis bair it was na bute to byde.

Analog v. 1034—35 u. a. m.

Zur onomatopoetischen lautnachahmung, so das
schlagen der drossel, indem sie von baum zu baum hüpft:
872 Sueitlie can sing treipand fra tre to tre,
wobei auch fra als nebenstab wirkungsvoll ist. —
911 Tho quhirand quhitret with the quhasill went
1530 — — — and murnand mald his mone (the lyoun).

Qualität und quantität der stäbe.

Die alliteration bei Henrisone kann, wie schon aus den
citierten beispielen erhellt, eine sehr mannigfache sein. Am
häufigsten finden sich verse mit zwei und drei stäben, auch
solche mit vier stäben finden sich keineswegs selten, während
verse mit fünf natur.gemäss nur vereinzelt vorkommen (v. 869,
897, 1836). Indem sich die stabreime je nach belieben auf die
einzelnen hebungen verteilen können, bisweilen auch auf folgende
verse überspringen, so haben wir in den fabeln fünf
arten der alliteration zu unterscheiden:

1. Gewöhnliche alliteration, bei der ein und derselbe
stab sich 2—5 mal auf beide rhythmische reihen eines verses
verteilt (z. b. v. 891 mit zwei, v. 181 mit drei, v. 734 mit vier,
v. 1836 mit fünf stäben).

2. Reihen-alliteration, wo zunächst nur die eine rhythmische
reihe des verses 2—3 gleiche stäbe aufweist (v. 929,
914, 884, 570, 900 etc.), oder wo ferner jede rhythmische
reihe ihre eigenen stäbe hat (v. 182, 184, 875, 910 etc.).

3. Gekreuzte alliteration, bei der sich verschiedene
stäbe desselben verses in den beiden rhythmischen reihen
kreuzen; z. b.:

741 And I half nather bolttis | net nor balt,
740 Now mon I scralp | my meit out of the sand,
906 Tho wyld once, tho bůk | tho welterand brok,

analog v. 911 quh w quh w, v. 189 v k | f c; etc.

Hierher würde auch v. 925 gehören:

For dreid of doith thay droupit all in dout.

4. **Umschliessende alliteration:**

Vgl. 862 Vpoun this hill to hald ane parliament,
1037 To tell the king the cace wes his intent,
analog v. 1030 s h h s, 1039 b w w b, 1290 b m m b etc.

5. **Ueberspringende alliteration,** bei der sich ein und derselbe stabreim in mehreren aufeinanderfolgenden versen durchgeführt findet [diese art macht sich besonders in der 'Marharete' geltend]:

160/1 Bairfute allone with pykestalf in hir hand,
As pure pilgryme scho passit ont of toun,
554—6 And ceissit not schir lawrence quhill thay saw;
Bot quhen he saw the kennetis cum on raw,
Vnto the cok he said in mynde: god sen,

wobei wol 'god' als nebenstab anzusehen ist.

Analog v. 593/4, 714/5, 612/3, 358—61 (p resp. b), 782/3 (c), 936/7 (m), u. s. f.

Wenn auch Trautmann (Anglia I, s. 123, 140) diese art als spezifisch schottische eigentümlichkeit hervorhebt, so lässt sich doch in Henrisone's fabeln eine frappante anwendung derselben nicht konstatieren.

a) **Konsonantische alliteration.**

Ueber die qualität der stabreime bleibt wenig zu sagen; neben gleichen konsonanten reimen auch t und d (v. 1040 u. a.) k und c (v. 1037 king, cace; v. 2551 kennit, cais u. a. m.); c mit g (v. 2553 caus, gaif, catche); g mit k (v. 746 gait, kid) j mit g (v. 898 jolie, gillet, gentill); g mit c und q(uh) (v. 1349 gown, claith, quhite); q(uh) mit k und c (v. 555 quhen, kennetis, cum); k mit ch (v. 175 cheis, kist); f mit ph (v. 1322 fair, phebus).

Die alliteration von v mit w, die nach Trautmann (Anglia I, s. 140) besonders in schottischen dichtungen vorkommen soll, findet sich bei Henrisone nicht; höchstens könnte als beleg dafür angesehen werden v. 301:

For verray dreid scho fell in swoun neir deid;

doch weit auffälliger ist die alliteration von v mit f;

vgl. 169 verray, furth, 1920 anaill, full, varience,
612/13 Thir twa sinnis, flatterie and vane gloir,
Ar vennomous: gude folk flie thairfoir!

ja selbst w scheint mit f und ph zu alliterieren,
vgl. 1322 Quhen thät fair phebus with his bemis bright
1039 And fra your browis wesche away the blude
2566 Quhill he for feiritnes hes fylit vp the way, v. 1041 u. a. m.
[Dass w im Schottischen eher als im Englischen mit f zu reimen scheint, erhellt allerdings aus seiner unterscheidung vom quh-laut].

In der regel alliterieren nur einzelne konsonanten unter einander, doch zeigen sich in den fabeln auch auffällig viele fälle, wo doppelkonsonanten als stäbe reimen, z. b. tr (v. 744 und 872), dr (v. 925), sp (v. 870), sl (v. 1836), pr (v. 935).

Es scheinen auch verschiedene doppelkonsonanten unter einander und mit einfacher konsonanz zu reimen,
d, dr, tr, cr:
2889 The dreid of deith hir strenthis gart incres,
oder 1459 And deith, sic as to tressoun is decreit
s, sk, st:
1450 And syne my skin bone stoppit full of straw
selbst s mit sch:
1458 Thairfoir thow suffer sall ane schamefull ond
r mit cr:
139 Quhilk maith, nor moist | nor vther rust can sereit, u. a. m.

b) Vokalische alliteration.

Auch vokalische alliteration zeigt sich an einzelnen stellen recht auffällig:
931 Angrie, austerne and als vnamiable,
901 Baith otter and aip, and pennit porcupyne;
Dieser vers scheint besondere aufmerksamkeit zu verdienen, indem darin wol auch die inlautenden vokale o, o und y alliterieren. Ein frappantes beispiel ist auch für diese annahme v. 900:
The da, the ra, the hornit hart, the hynd.
Da sich noch mehr derartige fälle konstatieren lassen, wie z. b.:
892 The elephant and elk the dromedarie,
2740 barn, byre, hone, blg,
so scheinen sie mir eine erweiterung der bisher allgemeingiltigen stabreimgesetze genügend zu motivieren.

Als weiteres gesetz für die alliteration bei unserm dichter scheint auch zu gelten, dass auslautende vokale resp. konsonanten reimen können. Ein drastisches beispiel für die vokale ist der schon angeführte vers 900 the da, the ra, während wir

belege für auslautende konsonantenstäbe zu erblicken haben
in v. 904:
> Baith otter and alp and ponnit porcupyne,

[wobei also das einsilbige wort aip zwei stäbe tragen könnte]
Ferner v. 746:
> And fra tho gait he stall ane litill kid

[wobei auch das auslautende ll fürs auge als nebenstab gilt].
> 1920 Litill of anaill, and full of varience [s. wider litill]
> 175 Amang the cheis in ark and meill in kist,
> 2553 Quhat was the caus ye gaif me sic ane catche,
> 1339 vp on bank and bra.

Als regel für derartige stabreime hat wol zu gelten: Lautet eine betonte silbe auf einen konsonanten aus und beginnt die folgende mit einem vokal, so kann der auslautende konsonant als alliterierend angesehen werden, sobald sich eine häufung desselben im verse bemerkbar macht. Einen ähnlichen fall beobachtete schon Trautmann im 'Troy Book', indem dort das auslautende -n vor vokal mit anlautendem n in worten desselben verses alliterieren kann.

Wenn auch vielleicht manche alliterierende wendungen und wortverbindungen Henrisone's sich schon zu seiner zeit aus dem reichen schatze der tradition als nationaler schmuck in die sprache der poesie wie des volkes eingebürgert hatten[1], so werden doch unserm dichter neue und originelle kombinationen auf diesem gebiete nicht abzusprechen sein.

Binnenreime

finden sich in den fabeln nur ganz ausnahmsweise und da wol auch bloss zufällig:
> 301 For verray dreid scho fell in swoun ner deid.

und 1070/72/73: wofully — doggitlie — to your cry.

Der endreim

ist in den fabeln fast durchweg von erstaunlicher reinheit; wo dies graphisch nicht der fall scheint, ist vokaltrübung in der aussprache anzunehmen. In dem Harl. Ms. findet sich nur einmal ein falscher versausgang und zwar v. 1749, wo statt 'lang'

---

[1] Vgl. K. Regel, Die alliteration im 'Lazamon' (Germanistische Studien, herausgegeben von Bartsch, Wien 1874) und 'King Horn', herausgegeben von Wissmann.

ein reim auf 'sall' und 'all' stehen müsste; doch ist dieser fehler
auf rechnung des schreibers zu setzen, da der druck von 1570
'small' statt 'lang' hat. Assonanz in den endreimen zeigt
sich in den ganzen 2975 versen der fabeln nur einmal (v. 769),
wo 'gang' auf 'tane' und 'flane' reimt.[1]

In folgendem sei nun eine erschöpfende zusammenstellung
der für aussprache, betonung und orthographie charakte-
ristischen reime gegeben:

auf -óun, -one: conditioun — croun (163), lyoun — inclinatioun (400),
disputatioun — swoun (493), carioun — doun (811), donn — tres-
sone (978) — exhortatioun (239).

auf -óur, -ure: confessour — hour (654), armóur — lóur (950), serui-
tour — honour (451), peraduentour — stature, honour — flour (109),
apparetour — bure (1160), progenitouris — muris — curis (440).

auf -ance, -ence: plesance — varience — dance — substance (1602,
1919), conscience — countenance (971) — difference (276).

auf -age, -aige, -ege: aige — priuilage (1013), heritage — villege (2742).

auf -áir, -éir, -ér: air — soliter (1784), dangér — powér, dangeir —
heir (1860), márynér — cheir (2798).

auf -ace, -asche, -ais, -oce, -os, -cis: place — wickitnés (2428,
2624) — wildernes (1112), place — Pasche (2152), grace — pace
(ostern) — tendernes (720), allace — wickitnes (705), allace — grace
(1536) — pace (2701) — pece (2731) — peis — incres (1798);
grace — gentrace — gais (1546); gais — hos (827) — hais (1047).

auf -ous, -us: cawtelous — honß (402, 418); glorious — Eolus (1192)
presumpteous — hous (598).

auf -áll, -ále, éll: irrationall — naturale (397); triumphail — batell
(1475); batell — mortale — castell (2965).

auf -ble, -bill: fabill — agreable (586) etc.

auf -ate, -ait: lawriato — estait — wrate (58), disfigurate — blait
(976), figurate — lait — implicate (2935), debait-fulminate (1123),
stait — spoliate (1895).

-ý, -ie, -é, -óe: apply — poetry (13, 1102) — poetrie — rethorie (1),
I — ambassatry (997) — cry (2868, 2884); be — eo — royaltie
(362), the — be — honestie — degre (390); eo — diuinitie (664),
ee — flie (1637), flo — supple (2043); fle — crueltie (2924), supplie
— halstelie (2412), be — trinitie (1648) — moralitie (1380, 2203),
fre — hie (adj.) — aduersitie (368) — libertie (2927) hie (adj.) —
the (467), the — ye — flie (559), hie — be (307) — jolitie (289),
degrie — be (2596) — plentie — be (261, 2731) — fo — tre (572,
2761), ee — he [pron.] (1161), he — pietie (824), eo — fantasie
(2449), salbe — diuinitie (1627), se-opportunitie (1676) — prosperitie

---

[1] Hier scheint durch französischen einfluss nasalierung bei -ane ein-
getreten zu sein; vgl. auch 'lating' = Latein in v. 31.

(1937), seo — die (2208), sie — sensualitie (1631), kne — we
— dininitie (1049), dry — jelowsie (519).

Ferner rebnen a, -al, ay: had — glaid (1846), ofterwart — pairt
(2047), twane — sayne — agane (748),
e, -ai: hes — gais (827), hais — gais (1046),
ei, -oa: deir — near (163), deir — heir (hören) — breir (184) beist —
arreist, etc.
i, ëi: quhite — greit — eit (359), greit — sweit (314);
I, ëi: kid — bukheid — did (331);
o, oi: sore — moir (1137) — thairfore (1315) — gloir (471), bore —
moir (2796), dogo — hoig (2488);
o, on: vpoun — Absalon (2840);
o, ni, n: woke — tuik (1620) woke — tuke (1417);
u, ui: tuke — schuik (2586), concinde — guid (1571), gude — stuid
(2098), hude — stuid (992), bure — recuire (1449), remufe — luif
(1916), contrufit — luifit (2283);
u (v), on: finde — woude (wütend) — stude (737), wode (wütend) —
gude (1109), wounder — vnder — schunder (1560) etc.
v auf o: vther — brother (1557);
y auf yi: lyfe — stryif (1946), spyce — myis (204).
y auf ei: ryte — contreit (784).

In den fabeln übertrifft der männliche reim den weiblichen
an zahl fast ums doppelte (in altengl. dichtungen gerade umgekehrt); im 1. prolog + 1. fabel + 12. fabel z. b. gestaltet sich
das verhältniss wie 207 : 117. Ganze strophen, die durchweg
männlich gereimt sind, finden sich nicht selten, so in der 1. fabel
von 14 strophen allein 6 (str. 3, 4, 7, 9, 13, 14), dabei nur eine
durchweg weiblich gereimte (str. 5).

Diese nahezu doppelte überwiegung stumpfer versausgänge
bietet zugleich — gegen das Altenglische — eine interessante
perspektive auf die gedrungenheit der sprache Henrisone's.
Ein vergleich mit anderen schottischen dichtern dürfte nicht
uninteressant sein!

Analyse, quellen, beeinflussungen und nachweisungen[1] der einzelnen fabeln.

Fälschlicher weise werden die sämmtlichen fabeln Henrisone's in den handschriften und alten drucken auf dem titel

---

[1] Die unter den nachweisungen aufgezählten fabelredaktionen hat unser dichter — so weit sie überhaupt chronologisch in betracht kommen können oder nicht drucke des Anonymus enthalten —, nicht als vorlagen benutzt.

schlechthin als Aesopische bezeichnet, während nur acht (1, 2, 6, 7, 8, 11, 12, 13) auf jenen halbmythischen fabeldichter zurückgehen, in denen er auch stets gewissenhaft als quelle angeführt ist (s. v. 27, 29, 57, 162, 1146, prolog zur 7. fabel v. 1375, die 7. fabel selbst wird geradezu dem Aesop in den mund gelegt, 8. fabel v. 1888, 11. fabel v. 2455, 2588, 13. fabel v. 2777). Wenn ihn Henrisone auch in der 10. fabel, die der 'Disciplina clericalis' des Petrus Alfonsi entnommen ist, als vorlage bezeichnet, so darf nicht vergessen werden, dass man im mittelalter alle fabeln, so abweichend und interpoliert sie auch sein mochten, dem Aesop zuschrieb. In den übrigen fabeln, die auf noch andere quellen zurückzuführen sind, nennt ihn unser dichter nicht.

Stellen wir folgende verse der fabeln zusammen:

57 ff. This nobill clerk esope, as I haif tald,
 In gay meter, as poete lawriate,
 He figure wrait his buik; — — —

v. 1370 ff., wo Aesop von sich selbst sagt:
 '— — — I am of gentill blude,
 My natiue land is Rome withouttin nay', etc.

27 ff. — — — thus esopo said, I wis:
 'Dulcius arrident seria picta jocis.'
 Of this authour, my maisteris, with your leif
 Submitting me in your correctioun,
 In mother toung of latin(g) I wald preif
 To mak ane maner of translatioun,

so sehen wir, dass er den Aesop für einen römischen poeta laureatus und die distichen des Anonymus für dessen originaldichtungen hielt, und dass er ferner die sich dort findenden fabeln (I, 1, 2, 3, 4, 12, 18 und 20) als vorlage zu 1, 12, 13, 6, 2, 7 und 8 benutzte. Der vers 'Dulcius arrident etc.' ist wörtlich dem Prologus des Anonymus entnommen. Da dieser von seinem ersten herausgeber Nevelet so genannte verfasser im mittelalter gewöhnlich unter der benennung 'Aesopus'[1] aufgeführt wird, so erklärt sich auch Henrisone's irrtum, ihn mit 'Esope' zu bezeichnen. Der eigentliche Aesopus, wie auch Phaedrus waren im mittelalter verschollen. Der benutzung des letzteren durch Henrisone widersprechen auch viele umstände, so zunächst die eingangsverse in dessen prolog:

---

[1] Schon seit Eberhardus Bethuniensis (a. 1212), s. Roth, die mittelalterl. sammlungen lateinischer tierfabeln. Philologus I (1846) s. 526.

Aesopus auctor quam materiam repperit,
Hanc ego polivi versibus senariis,

während Henrisone die fabeln von Aesop selbst vor sich zu haben glaubt. Ferner sagt unser dichter in v. 61:

— — — first of ane cok he wrate,

während Phädrus mit der fabel vom wolf und lamm beginnt und die fabel vom hahn und edelstein erst im 3. buche erzählt, vgl. auch unten, s. 57.

Ebenso wenig hat Henrisone auch den Romulus oder dessen erweiterungen gekannt, da dort überall im vorwort Aesop als 'quidam homo grecus de ciuitate attica' bezeichnet wird, während ihn Henrisone in den genannten 7 fabeln noch für einen römischen dichter hält, bis er durch Caxton's fabelsammlung eines besseren belehrt wurde [s. datierung der fabeln].

Den Avian oder die darauf zurückgehenden paraphrasen hat er auch nicht gekannt, da er keine fabel daraus entlehnt hat. Dasselbe gilt von den mittelalterlichen fabelerzählern: Laurentius Valla, Guilelmus Gudanus, Hadrianus Barlandus, Guil. Hermannus, Rimicius, Erasmus, Angelus Politianus, Petrus Crinitus, Joannes Ant. Campanus, Plinius II. Novocomensis, Aulus Gellius, Nicolaus Gerbilius Phorcensis, Aphtonius, Gabrius, Babrius, Laur. Abstemius, Poggius, Theodosius Avienus u. a. m., deren fabeln zumeist den namen Aesop's an der stirn trugen, und deren metrische resp. prosaische redaktionen ich auf ihre eventuelle vorlage für Henrisone untersuchte.

Alles spricht allein für die benutzung des Anonymus, dessen elegische verse vor allen übrigen lateinischen fabelsammlungen in England beliebt waren und die von allen auch zuerst durch Wynkyn de Worde als 'Esopi fabulae' 1504 in druck kamen. Auch in manuskripten des 14. und 15. jahrhunderts überwiegen sie bei weitem, wie ich mich am Brit. Mus. selbst überzeugen konnte und sind — ein beweis für ihre anfertigung in England — zum teil auch mit englischen annotationen aus jener zeit versehen.

Da Henrisone nur fabeln aus dem 1. buche dieses Anonymus entlehnte und ferner über ihn sagt:

59 Be figure wrait his buik, — — —

so scheint es, als ob ihm nur eine handschrift der ersten 20 fabeln (= 1. buch) zu gebote gestanden habe.

In wie weit ihn bei benutzung derselben auch die fabeln Lydgate's [1] oder andere werke beeinflussten, woher er den stoff zu seiner 11. fabel entnahm, die ursprünglich auf die 'Extravagantes Esopi Antique' zurückzuführen ist und welche quellen ihm zur abfassung der übrigen fabeln dienten, die unter dem wesentlichen einfluss der Reinhartscyklen stehen, das soll die folgende untersuchung zeigen.

Um einen klaren einblick in die komposition zu geben, schicke ich bei jeder einzelnen fabel eine kurze analyse voraus.

Prolog, v. 1—63.

Analyse. Der dichter legt hier höchst anschaulich seine prägnante auffassung über zweck und wesen der fabel dar: Letztere enthalte, wenn sie auch nur erdichtete episoden aus der tierwelt erzähle, viel angenehmes und belehrendes, indem das interesse fesselnde tierleben zugleich das beste spiegelbild für menschliches handeln gewähre, ohne dass der autor seine zeitgenossen, die er in satirischer weise skizziere, direkt verletze. Beim hadern und streiten der tiere sei die parallele zu den menschen leicht zu finden; der mensch würdige sich mit seinen sinnlichen und profanen gedanken, mit seiner scham- und zuchtlosigkeit sogar in wirklichkeit oft zum tiere herab. Die fabel biete nun ein mittel, solche gesunkene, seien sie vom höchsten oder niedrigsten stande, auf zartem und humanem wege zur erkenntniss und einsicht zu führen. Doch bei diesem streng didaktischen charakter solle die fabel nicht immer einen ernsten ton annehmen; vielmehr wirke sie mit der würze munteren scherzes weit erfolgreicher — so, wie auch ein bogen, der nicht anhaltend streng gespannt, seine kraft viel länger und intensiver bewähren könne. Schon sein meister Aesop habe jenes erforderniss für seine fabeln erkannt und ihm rechnung getragen. Indem er nun jene, — auf anregung eines hohen herrn, — frei in seine muttersprache übertragen wolle:

 31 — — — of latin(g) I wald preif
   To mak ane maner of translatioun,

bittet er noch höchst bescheiden um die nachsicht seiner leser wegens seines rohen und ungelehrten stiles (vgl. v. 36: in

---

[1] Im Harl. Ms. 2251, fol. 253 ff. finden sich von ihm sieben 'Isopes Fabules', von denen die 1., 2., 3. und 5. für meine untersuchung in betracht kommen, und deren citate ich jenem ms. entnehme.

'hamelie language and in termes rude'), da er sich nicht der
hohen gabe der rhetorik und eloquenz erfreue. Vorlage ist die Praefatio zu den distichen des
Anonymus, die jedoch bei unserm dichter eine recht selb-
ständige und freie übertragung erkennen lässt. Enge an-
lehnung an die vorlage findet sich in v. 28 (wörtlich
entnommen), ferner distichen v. 3:

> Hortulus iste parit fructum cum flore, — — —

und Henrisone v. 8—10:

> — — — throw the bustious eird
> Springis the flouris and the corne abreird,

und v. 15—16:

> The muttis schell, thocht be hard and teuch,
> Haldis the kirnell and is delectabill,

vgl. hierzu den letzten vers der distichen:

> Et nucleum celat arida testa bonum.

Eine starke beeinflussung bot Lydgate's prolog zu
seinen fabeln [Harl. 2251 fol 283 ff.].

Parallelstellen sind folgende:

Lydg. v. 29—32 — — — 'I cast to folwe this poyet (Isope),
And his fabulis in Inglyssh to translate;
Although I have no rethoryk swete,
Have me excused — — —
Henr. v. 29 32 Of this authour — — —
In mother toung of latin(g) I wald preif
To mak ane maner of translatioun;
und v. 38—39 Nor rethorik I never understude;
Thairfoir meiklie I pray your renerence.
Lydg. v. 46 I me submyt to theyr' correccioun,
Henr. v. 30 Submitting me in your' correctioun,
Lydg. v. 50 And as myn auctour² at the Cok begynne,
Henr. v. 61 And to begin, first of ane cok ho² wrate.

Die entschuldigung unseres dichters beim leser wegen seiner
schlichten schreibweise beruht allerdings auf einem fast all-
gemeinen brauche jener zeit, nach welchem z. b. Jakob I. in
seinem King's Quair VI, 22 sagt:

> 'Go litill tretise nakit of eloquence, (vgl. Henr. v. 37 ff.)
> And pray the redar to have patience
> Of thy defaute, and to supporten it,' etc.

oder Androw of Wyntoun im 'Orygynale Cronykil of Scotland'
(ed. Laing), I. buch, 1. kap.:

---

¹ D. i. der leser.
² D. i. Isope.

'My wit, I ken, sa skant thartill
That I drede sare thame till offend,
That can me and my werk amend — — —
For, as I said, rude is my wit' etc. —,
doch stehen sich Henrisone und Lydgate an den betreffenden
stellen besonders nahe.

Sollen wir die abfassungsweise des ganzen prologs [wie
auch die mancher einzelnen fabel] mit der eines uns näher
stehenden deutschen dichters vergleichen, so ähnelt sie am
meisten der des Boner in seinem Edelstein (hg. von Pfeiffer,
Leipzig 1844); man lese nur dort v. 41 ff.:

'Ich hab mange bischaft
ges ̆eht, än gröze meisterschaft,
ze liebe dem erwirdegen man
von Ringgenberg hérn Jóhan,
zo tiutsch mit slechten worten,
einvalt an allen orten,
von latine, als ich ez vant
geschriben — — —'.

Einen ähnlichen prolog hat auch Gerhard von Minden
seinen fabeln vorausgeschickt (s. Niederdeutsche Denkm. 2. bd.,
hg. von W. Seelmann, Bremen 1878).

Mit dem prolog von 40 versen, den Marie de France zu
ihren fabeln schrieb, hat der unseres dichters nichts gemein.

1. **The taill of the Cok and the Jasp, v. 64—161.**

Es ist dies die bekannte Aesopische fabel vom hahne, der
nach emsigem scharren einen jaspis findet, diesen aber ver-
ächtlich bei seite wirft, da er wol einer königskrone zum
schmucke, nicht aber seinem hunger zur stillung dienen könne.
Die moralitas gibt eine allegorische auslegung der eigenschaften
des edelsteines und knüpft daran die gute lehre, dass ein jeder
so handeln solle wie der hahn und nicht das hochschätze, was
seinem stande nicht angemessen sei. Doch andrerseits gleiche
der hahn dem toren, der nichts von jenen guten eigenschaften
des jaspis verstehe: der glanz desselben z. b. bedeute die er-
leuchtende gabe der wissenschaft, — und dies reisst den dich-
ter in v. 148—154 zu einer begeisterten lobrede hin auf die seg-
nungen des studiums.

Vorlage ist die 1. fabel des Anonymus 'De gallo et jas-
pide', vor der er wider in seiner ausführung manch schönen zug

voraus hat. Enge anlehnung an die distichen findet sich nur
v. 127—129, wo Henrisone die utilitas allegoria auf die beiden
letzten verse des Anonymus gründet¹:

— — — tu jaspide pulchra sophie
Dona notes; stolido nil sapit ista segos.

Henrisone's fabel zeigt wider einige reminiscenzen an Lydgate, dessen weitschweifigkeit — bei der er zwölf strophen zu
allen möglichen exkursen gebraucht, ehe er zur fabel selbst
kommt, — unser dichter jedoch meidet und medias in res
gehend den hahn wolgemut auf den schauplatz seiner täglichen arbeit fliegen lässt.

Wenn sich auch nicht frappante parallelstellen aus beiden
bearbeitungen nachweisen lassen, so zeigen doch geringere anklänge bei der motivierung einzelner züge, dass Henrisone die
Lydgate'sche fabel kannte. Seine dichterische selbständigkeit
bewahrte ihn vor sklavischer nachahmung.

Nachweisungen dieser fabel.

Romulus I, 1; Phaedrus III, 12 (Pullus ad margaritam);
Novelet s. 486; Nilant s. 1 und s. 67; Rhythmical Fables, ed.
von Wright, Percy Soc. VIII, fab. 1; Caxton 1484 (The fable
of the Cok and of the precious stone); Wynkyn de Worde,
London 1504, 1, 1; Stainhöwel I, 1 (han und bernlin); Bromyard,
Summa Praedicantium A, 26, 32; Vincentius von Beauvais (Bellovacensis) 30, contra calumniosos; Eyring, Copia Proverbiorum
3, 354 (Eisleben 1601—4); Mario do Franco 1 (D'un Coc qui
trava une Gemme sor un fomeroi); Ysopet 1, 1 (Coc et Esmerando); Rabelais 1; Lafontaine I, 20; Haudent (366 Apologues
d'Esope, Rouen 1547) no. 112; Le Noble, Contes et Fables
(Lyon 1697) 2, 292: Du Coq et du Diamant; Boner, Edelstein 1;
Stricker (Grimm, Altd. Wälder 2, 3; Haupt, Ztschr. 7, 381); Burkhard Waldis (hg. von Kurz, Deutsche Bibl.) 1, s. 15; Luther,
fab. 1 (Werke, Altenb.) 5, 404. b: Von dem Hahn vnd Perlen;
Kirchhof, Wendunmuth 7, 3; Gerh. von Minden, 1. fabel (Niederd.
Denkm. 2. bd., s. 2); Alb. Erasmus no. 1 (49 fabeln, Frankfurt
1590): Von einem Hanen; Wolgemuth (500 frische und ergötzliche Haupt-Pillen, 1669) no. 1; Galfredus 1 (fabelsammlung von

---

¹ Die lat. citate entnehme ich dem im 15. jahrhundert geschriebenen
Additional Ms. 10089 (Brit. Mus.), das vielfach mit englischen glossierungen
aus jener zeit versehen ist.

Dorpius, Argent. 1519, 4°); Hagedorn (hg. von Eschenburg) 2, 67:
Das Hühnchen und der Diamant; 2, 57: Die Henne und der
Smaragd; Esopet (mndl.) bei Clignett s. 12; Guicciardini, L'Horo
di Recreatione (Paris 1636) s. 78ᵇ: Vani gli acquisti onde ninna
utilità ne proviene; Bidpai (fables, traduites par Galland et
Cardonne, Paris 1—3, 1788, 12°) 3. s. 187; Sadi (übersetzt von
Graf) s. 101.

**II. The Talll of the vponlandis Mous and the burges
Mous, v. 162—396.**

Es ist die bekannte fabel von der stadt- und landmaus,
eine der besten erzählungen unseres dichters, ausgezeichnet
sowol durch ihre anmutige natürlichkeit, wie durch trefflichen
humor und reizende kleinmalerei.

Der gang der erzählung ist folgender: Die landmaus fristet
mitten unter hecken und dornsträuchern, einem 'outlaw' gleich,
ein höchst bescheidenes dasein, während ihre ältere schwester
ein vornehmes haus in der stadt bewohnt und als gildenmitglied
und freibürgerin ein herrliches leben führt. Als letztere sich
eines tages recht wol auf den beinen fühlt, gibt sie der sehnsucht nach ihrer jüngeren schwester raum, greift zum 'pykestaff' und zieht als pilger verkleidet
    'throw mofs and mure, throw bankis, busk and breir'
hin zur landmaus, von der sie unter freudentränen, unter herzen
und küssen aufs liebreichste empfangen wird. Doch die wohnung, ein armseliger schlupfwinkel, 'ohne erwärmendes feuer
und genügende beleuchtung', sowie das vorgesetzte mahl, das
an dürftigkeit nichts zu wünschen übrig lässt, erwecken sehr
bald den ekel der verwöhnten stadtmaus, weshalb sie ihre
schwester überredet, mit ihr in die stadt zu ziehen, um dort bei
gewählteren speisen eine würdigere existenz zu suchen. Der
auszug wird sofort ins werk gesetzt und ein lucullisches gastmahl bei scherz und freudenjubel, sang und tanz führt sie ins
neue leben ein. — 'Yit after joy oftymes cumis cairl' und so
zeigen sich denn auch bald die schattenseiten der neuen wohnung, indem die schwestern mitten im schmause vom kellermeister überrascht werden. Die stadtmaus, ohne sich um ihre
schwester zu kümmern, flieht in ein ihr bekanntes versteck,
während letztere ratlos, keine zuflucht wissend, vor angst in
ohnmacht fällt. Doch glücklicherweise wird sie nicht bemerkt,

die gefahr geht vorüber und die stadtmaus sucht nun der sich
allmählich wider erholenden und schluchzenden schwester trost
zuzusprechen. Noch einmal gelingt es ihr, sie für das neue,
herrschaftliche leben zu gewinnen; doch kaum sitzen sie wider
frölich bei tafel, als gib-hunter, die katze, sie auf ihrem jagd-
zuge ausspürt. Blitzschnell entkommt die stadtmaus in ihr
versteck, während die arme landmaus gepackt wird und der
katze zum lüsternen spiele dienen muss. Schliesslich aber ist
ihr das geschick doch noch günstig, indem sie in eine spalte
entwischen kann, wo sie bleibt, bis die katze wider ihres weges
gegangen. Zur einsicht gekommen, dass ihr armseliges aber
unbehelligtes leben auf dem felde doch dem luxuriösen aber
so gefahrvollen aufenthalte bei der stadtmaus vorzuziehen sei,
ruft sie dieser lebewol zu und kehrt in ihr altes, sicheres heim
zurück.

In der moralitas preist der dichter die armut als die mutter
aller tugenden und weist hin auf die zufriedenheit und bedürf-
nisslosigkeit als die hauptfaktoren alles glückes.

Quelle ist der Anonymus I, fab. 12: De mure urbano et
rustico, vor dem Henrisone aber manche feine züge humo-
ristischer auffassung wie trefflicher motivierung voraus hat. —
Von dieser fabel existierte in England auch eine erweiterte
lateinische prosafassung, die unser dichter wol gekannt hat.
Sie ist abgedruckt nach dem Ms. Bib. Reg. 15. A. VII (aus dem
13. jahrhundert) in den Reliquiae Antiquae 1, s. 320 und ent-
hält im eingange namentlich auch die ausführung, dass sich
die stadtmaus auf eine reise begibt:
     Movit igitur iter facili pede
[vgl. Henrisone's fab. v. 176 ff.:
   Ano tyme quhen scho was full and vnfute sair etc.],
während hiervon der Anonymus nichts sagt, sondern gleich
beginnt:
    Rusticus urbanum mus murem suscipit, etc.
Auch die intervention der katze scheint jener lateinischen prosa-
fassung entnommen zu sein; sie findet sich weder bei Romulus
noch bei Phaedrus, Anonymus, Caxton etc.

Bei der schilderung des gegenseitigen mäusebesuches finden
sich noch manche reminiscenzen an Lydgate's fünfte fabel
von maus und frosch [Harl. 2251, fol. 293^b ff.], wo in den
ersten sechzehn strophen die bewirtung des frosches bei der

maus erzählt wird. Das leben bei ihr in der mühle gleicht
in vielen zügen dem der landmaus in unserm gedichte. In
beiden fällen ist es eine verherrlichung der bescheidenheit
und zufriedenheit, durch die allein eine ruhige und sichere
existenz verbürgt werde. — Wenn sich auch deckende parellel-
stellen wie:

  Lydg. 10. str. And I suppose, noman is more fre,
                Nor more asswred to myn oppynloun,
                Than glad pouert with small possessioun.
  u. Henr. v. 379 The sweitest lyfe thairfoir in this cuntrie
                Is sickernes, with small possessioun;
  oder v. 388 Is blyithnes in hart, with small possessioun.
  Lydg. 11. str. 'Salamon' writeth, how it is better' etc.
  Henr. v. 391 'And Salomon sayis, gif that thow will reid' etc.

nicht gerade viele finden, so verrät doch die ganze auffassungs-
weise bei unserm dichter eine gewisse beeinflussung durch Lyd-
gate. Beweise für die bekanntschaft mit dessen fabeln siehe
auch weiter unten bei der 10. und 12. fabel.

Nachweisungen dieser fabel.

Aesop, ausg. v. Furia CXXI; Babrios 2. 236; Romulus I, 12;
Phaedrus (ausg. v. Burmann 1718) app. 4, 9; Remicius 4; Aphto-
nius (bei Nevelet) 26: Μῦθος ὁ τῶν μυῶν, παρανῶν στέργειν
τὰ μέτρια; Aesop. Cor. 301: Μῦς ἀρουραῖος καὶ ἀστικός; Romu-
lus Nilanti s. 0, no. 13, s. 76, no. 10; Aes. Camer. 176; Odo von
Cerington, Codex Douce 88, 15; Gatos 11 (s. Ebert's Jahrb. IX,
s. 121 ff.); Wright (Latin stories) I, 11 (Quomodo duo mures
obviabant); Ysopet 1, 12; Marie de France IX: De deus Suris,
l'une borgoise et l'altre vileine; Renart le Contrefait, Rob. 1, 48;
Lafontaine I, 9; Haudent (Rouen) 120; Le Noble I, 198; Brom-
yard, M. 8, 31; Dialogus creatur. 112; Horaz, Satyr. 2, 6, 79 ff.;
Stainhöwel I, 12: Von zwaien müsen; Caxton I, 12: The fable
of the two rats; Boner, Edelstein 15 (ausg. v. Pfeiffer s. 23);
Luther fab. 13; Stricker, Altd. Wälder 3, 184; Trimberg, Renner
(ausg. des Hist. Ver. zu Bamberg 1833) v. 5485 ff.: Von d' velt-
mevse vn purkmevse; Hans Sachs II, 4, 72: Fabel der zwoyer·
Meüss; Burkh. Waldis 1, 9 (Kurz s. 26); Gerh. von Minden X
(Niederd. Denkm. s. 26); Goedeke, Mittelalter 635; Kirchhof,
Wendunmuth I, 62; Fischart, Flöhhatz v. 1920 ff., v. 4668 ff.;

---

[1] In den lehren, für die Salomon als beleg angeführt werden soll,
welchen Lydgate und Henrisone dann wider von einander ab.

Abr. a S. Clara, Lauberhütt I, 10; Bidpai I, 124. — Th. Wyatt: 'On the mean and sure estate' enthält dieselbe fabel und zwar scheint die Henrisone'sche fabel darin benutzt zu sein.

III. The taill of schir Chantecleir and the Foxe, v. 397—613.

Es ist die bekannte erzählung, in der ein fuchs unter falschen vorspiegelungen den mit geschlossenem auge singenden hahn berückt, ihn aber hernach durch eine gegenlist wider einbüsst. Die verstellung des fuchses, wie das übermütige gebaren des hahnes geben den stoff zur moralitas, in welcher der dichter gegen falschheit und stolz zu felde zieht. — Von besonderem reize sind in Henrisone's darstellung die charakteristik des hahnes und seiner verdienstlichen stellung (v. 495—508), ferner die überlistungsscene des fuchses, die aufregung der witwe über den raub und die jagd nach dem räuber.

Da diese fabel in England schon vor Henrisone mancherlei lateinische wie englische bearbeitungen gefunden hatte, so werden viele züge bei unserm dichter auf rechnung der tradition zu setzen sein, ohne dass jedoch seine eigene auffassung und individuelle neugestaltung zu wenig spielraum gehabt hätten. Als eine positive vorlage ist zunächst Chaucer's 'Nonne Prestes Tale' anzusehen, wofür die beiden autoren gemeinsame einführung der witwe als besitzerin des hahnes den nächstliegenden beweis liefert.

Jede der beiden bearbeitungen hat sowol in bezug auf kleinmalerei wie auch humoristische gestaltung manche eigene und hübsche züge voraus, wobei unser dichter dem Chaucer in nichts nachsteht, ja durch seine kontinuität der erzählung ihn sogar vielfach übertrifft. Man vergleiche nur die vielen exkurse bei Chaucer, wie die eingehende schilderung der verhältnisse und des lebens der witwe, den traum Chauntecleer's, sein treiben mit seiner buhle Pertelote etc., und man wird zugestehen müssen, dass dadurch die tierfabel selbst vielfach zu weit zurückgedrängt ist. — In folgendem sei nun eine erschöpfende zusammenstellung auffälliger parallelstellen zwischen Chaucer[1] und Henrisone gegeben:

---

[1] Die citate entnehme ich der ausgabe von R. Morris für die Clarendon Press; Oxf. 1877.

Ch. v. 485 — — — so londe he (the Cok) wolde crien,
And stonden on his typtoon therwithal;
H. v. 465 For he wald on his tais stande and craw
Ch. v. 503 So was he ravyssht with his flaterie,
H. v. 474 The cok, infect with wind and fals vane gloir,
Ch. 510 This Chauntecleer stood heighe upon his toos,
Strecching his nekke — — —
H. 467 With that the cok, vpoun his tais he,
Kest vp his beik
Ch. 514 And by the garget hente Chauntecleer,
And on his bak toward the woode him beer.
H. 480 The fox was wer and hint him be the throte;
Syne to the wode but tarie with him hyit.
Ch. 554 This sely wydwe, and eek hire doughtres tuo,
Herden these hennes crie and maken wo,
And out at dores sterten thay anoon,
And seyen the fox toward the grove goon
And bar upon his bak the cok away;
They criden,
566 And schowtyng of the men etc.
H. 483 With that pertok, sprutok and tappok cryit,
The wedow hard, and with ane cry come out:
Seand the enee scho siehit and gaif ane schout;
bei der gegenlist des hahnes:
Ch. 587 Yet schulde I (the Cok) sayn, — — —
Turneth ayein, ye proude cherles alle!
H. 562 Swyith turne agane, and say that I and ye, etc.

Dies sind in der tat die sämmtlichen stellen, in denen Henrisone eine annähernde übereinstimmung mit Chaucer zeigt; diese schon, wie noch vielmehr alle übrigen verse, geben ein bild, wie selbständig unser dichter den ihm vorliegenden stoff zu behandeln weiss, und wie wenig der gedanke aufkommen kann, diese Henrisono'sche fabel etwa als ein plagiat aus Chaucer anzusehen.

Mit einigen modifikationen findet sich diese erzählung auch in der 1481 erschienenen 'Historye of Reynard the Foxe' (übersetzung Caxton's), wo sich 'Syr Chauntecleere' bei hofe über den fuchs beklagt, dass dieser ihn gefangen habe unter der vorspiegelung:

'that he was becomen a cloysterer or a closyd recluse, and that he wolde receyve grete penance for his synnes and wolde ete no more flesche' etc.

Nur durch eine gegenlist sei es ihm dann gelungen, sich wider aus dem maule des fuchses zu befreien.

Es liegt besonders in rücksicht auf die 4. und 5. fabel, die direkt nach dieser dritten entstanden, die annahme nahe, dass Henrisone bei dieser fabel schon die Caxton'sche übersetzung gekannt und durch dieselbe den anlass zu seiner eigenen version gefunden habe. Eine weitere anregung erlangte er durch jene zur beschäftigung mit dem französischen 'Roman du Renart', von dem er die 5. brauche: 'Si comme Renart prist Chantecler le Coc' (Méon I, s. 49—65) mit zu dieser 3. fabel benutzte und sich ihrer geschlossenen erzählungsweise eigentlich enger anschliesst als der darstellung Chaucer's, die weder eine reine tierfabel ist noch sein soll.

Auch eine anlehnung an 'Renart le Contrefait' (IVe partie) scheint nicht ausgeschlossen, indem auch dort die berückung Chantecler's und seine nachherige gegenlist ganz in Henrisonescher weise ausgeführt werden (vgl. auszüge von Robert und Legrand d'Aussy).

Nachweisungen dieser fabel oder einzelner züge.

Romulus appendix 45; Extravagantes Esopi Antique (s. Oesterley's ausg. von Stainhöwel's Aesop, Stuttg. 1873; s. 196): Fabula III. de vulpe et gallo; Stainhöwel's übersetzung derselben: von dem fu(s)chs und dem han (bei Oesterley ebendaselbst) und die lat. fassung bei Grimm, R. F. s. 421); Speculum Sapientiae Beati Cirilli Episcopi, alias Quadripartitus apologeticus vocatus, cap. 15: Contra tumentes ex scientia: De gallo et vulpe (siehe Grässe, die beiden ältesten Fabelbücher des Mittelalters, Bibl. des Liter. Ver. in Stuttgart. CXLIII, Tübingen 1880).

Odo von Cerington (s. Voigt, Kl. lat. Denkm. der Tiersage s. 120).[1]

Heinrich der Glichesäre, Reinhart v. 11—176 (siehe Grimm, R. F. s. 25 ff.). Im Isengrimus findet sich die fabel nicht; wol aber v. 539—40 eine ähnliche charakterisierung des hahnes wie bei unserem dichter. Dasselbe gilt von einem alten lat. gedicht: Versus de Gallo (Grimm, R. F. s. 420), wo es im eingang heisst:

---

[1] Schon bei ihm heisst der hahn 'chantecler'; indem er aber hinzusetzt: 'i. e. gallus qui est capellanus bestiarum', scheinen wir ihn darüber zu ertappen, wie er jenen namen in die englische tiersage verpflanzte.

Dicta vocatur avis proprio cognomine gallus,
Nuntiat haec lucem, terrarum decutit umbras,
Tempora discernit etc.

vgl. Henrisone v. 498 ff.; Chaucer, N. Pr. T. v. 33 ff.

Die ganze fabel findet sich auch in der 6. erzählung des 'Reinardus', wo der fuchs den schon einmal entwichenen hahn wider in einer scheune aufspürt und ihn dann, als er mit geschlossenem auge singt, entführt aber durch gegenlist ebenfalls wider einbüsst. Darin auch ähnliche beschreibung des hahnes:

v. 539   custos horarum gallus Sprotinus et index
et lunę et Phebi tempora queque canit. —

Roman du Renart, 11. branche, v. 5438—45 enthält bei ähnlicher entwicklung der erzählung dieselbe gegenlist, den fuchs zum öffnen des mundes zu bewegen; die 20. branche von v. 9970 ab (Méon II, s. 13) erzählt die klage des hahnes bei hofe und gibt die kurze geschichte der herlickung.

Marie de France, fab. LI: Don Coc et don Werpil (ohne einfluss auf Henrisone).

Auch die altenglische fabel 'The Vox and the Wolf'[1] enthält v. 1—64 einige züge unserer erzählung; doch versucht dort der fuchs vergeblich den 'Sire chauntecler' in seine schlingen zu locken. Charakteristisch ist darin die wol dort zum ersten male in einer englischen fabel erwähnte herrschaft des hahnes über eine gewisse anzahl hennen:

v. 28   Hennen weren therinne i-crope
Five, that maketh anne flok,
And mid hem sat on kok.

vgl. Henrisone v. 414:

— of hennis scho (the wedow) had ane litill flok,
And thame to keip scho had ane jolie cok.

Caxton fol. LXXIX: The fable of the foxe and of the Cocke. Da diese bei Caxton als Aesopische fabel aufgeführt wird, Henrisone sie aber nicht als solche kennt, so muss er sie vor dem erscheinen jener sammlung (1484) geschrieben haben. — Dryden bearbeitete dieselbe fabel nach Chaucer's 'Nonne Prestes Tale'.

---

[1] Siehe Mätzner, Sprachpr. s. 132 ff.; Rel. Ant. II, s. 272 ff.; Wright, Lat. Stories s. XVI ff.

IV. Tho taill, how this foirsaid Tod maid his confessioun to freir Wolf Waitskaith, v. 614—795.

Diese erzählung soll, wie Henrisone im eingange selbst sagt, die fortsetzung zur vorigen bilden. Der fuchs, der den hahn wider eingebüsst hat, bereut seine sünden und will sein gewissen durch beichte und busse erleichtern; da trifft er im walde den wolf wegelagerer, der bereits wegen seiner gelehrsamkeit zum 'doctour of diuinitie' creiert worden ist und der eben, am rosenkranze seine 'pater noster' abbetend, vom kloster kommt. Vor diesem wirft er sich demütig auf die knie und empfängt denn auch bald, nachdem er seine sünden gebeichtet, absolution, muss aber das gelübde tun, bis ostern die gewohnte hühner- und sonstige verbotene fleischspeise zu meiden. Er schwört hoch und teuer, das gelübde halten zu wollen und wird, getröstet für seine schandtaten, vom wolfsmönch entlassen. Um sich fische als fastenspeise zu fangen geht er ans gestade, wo ihm jedoch die tosenden fluten wie der mangel an netzen und lockspeise gar bald den gefassten entschluss verleiden. Während er nun vor hunger schmachtend rastlos um sich schaut, gewahrt er eine herde ziegen, eilt ohne lange überlegung darauf zu und raubt sich ein zartes böckchen. Doch plötzlich denkt er an sein gelübde, — weiss sich indess sofort zu helfen, schleppt die beute an die see und tauft das böckchen, indem er es mit den naiven worten:

'Ga doun, schir "Kid", cum vp schir "Salmond" agane'

ins wasser taucht, in einen lachs, also in eine erlaubte fastenspeise um. Nachdem er diese reinen gewissens verzehrt hat, legt er sich, um seinen leib zu sonnen, unter einen strauch und schläft ein, wird aber bald von dem bestohlenen hirten ausfindig gemacht und mit einem pfeile erschossen.

Die moralitas ist von allgemein religiöser tendenz: es solle jedermann sein gewissen rein halten, um bei so plötzlichem tode, wie ihn der fuchs gefunden, nicht mit sünden beladen in jene welt einzugehen.

Quellen. Wie die entlehnung der eigentümlichen bezeichnung für den wolf als 'Freir Waitskaith' aus Caxton's 'Historye of Reynard the Foxe' beweist, hat Henrisone bei abfassung seiner fabel Caxton's werk schon gekannt. Unsere erzählung selbst findet sich zwar nur im Romulus app. 28

47

wider; da aber unser dichter letzteren nicht gekannt haben
konnte (s. o.), und bei ihm auch subjektsmodifikation[1] und
manche andere abweichungen sich finden, so ist wol als sicher
anzunehmen, dass Henrisone jene erzählung vom pseudolachs-
mahl, die den mittelpunkt der ganzen fabel ausmacht, auf dem
wege der tradition überkommen hatte. Diese verflocht er zu
einer durchaus selbständigen und höchst anmutigen dichtung,
aus der ich nun die einzelnen züge hervorheben will, die er
aus dem Reinhartscyklus, sei es auf direktem oder traditio-
nellem wege entlehnte: Die begegnung des fuchses mit dem
wolfe findet sich in der zweiten erzählung des Reinardus, wo
umgekehrt Reinard dem Isengrim rät, die sündige fleischspeise
zu meiden und sich an die erlaubten fische zu halten. [Dort
reiht sich dann der fischfang im eise an, während bei Henri-
sone das zurückfallen ins alte räuberleben folgt.] Im Reinardus
zeigt sich auch schon die neigung der mittelalterlichen dich-
ter, die tiere aus astronomischen betrachtungen auf ihr bevor-
stehendes schicksal schliessen zu lassen; vgl. Reinardus v. 5—6:
    Quin morbi rabiem sors tempestatis alebat,
    Cum traheret Cancri Phebus in arce rotam.
und Henrisone v. 644:
    The moving of the heuin this Tod can tak,
    Quhat influence and constellatioun
    Was like to fall vpoun the cirth adoun.
Auch in dem erwarten der sternhellen nacht (Henr. v. 621—627)
macht sich ein alter eigentümlicher zug der tierfabel geltend;
von direktem einflusse war auf diese stelle King's Quair II, 53 ff.:
    'The long day thus gan I prye and poure,
    Till Phebus endit had his bemes brycht,
    And had go farewele every lef and floure,
    This is to say, approch gan the nycht,
    And Esperus his lampis gan to light'.
vgl. hierzu Henrisone v. 621 ff.:
    'Quhill that Tethys, the goddes of the flude,
    Phebus had callit to the harberie,
    And Hesperous put up his cluddie hude', etc.
vgl. auch Chaucer, The Frankelynes Tale 288 ff.
    Die beichte des fuchses vor dem wolfe findet sich mit
manchen ähnlichen zügen im Poenitentiarius[2]:

---

[1] Im Romulus beichtet umgekohrt der wolf dem fuchse.
[2] Grimm, R. Fuchs s. 307 ff.

v. 12 Et prostratus humi flens parat ista loqui:
(confessio lupi:)
'Sum fur, sum praedo, sum sine fronte latro,
Semper in insidiis sum, semper vivo rapinis.

vgl. Henrisone:
671 On kneis fell etc.
686 'Of reif and stouth, schir, I can tell aneuch,
That causis me full sair for to repent, etc.

vgl. auch Lupus Monachus (Grimm, R. F. s. 416 ff.):
v. 6 ff. — — — — ante pedesque cadit:
'Me peccatorem, pater optime, propter amorem
Suscipe, queso' etc.
Sunt infinita mea crimina etc. —

Die tötung des fuchses durch pfeilschuss (Henr. v. 765 ff.) ist ein seltener zug, findet sich aber auch in einer chstnischen fabel 'hunt ja rebhnne' (wolf und fuchs), wo die bauersleute mit pfeilen nach dem wolfe schiessen (Grimm, R. F. CCLXXXV). Eine unserer fabel ähnliche erzählung gibt Kirchhof in seinem Wendunmuth[1] I, 66: 'Ein fuchss verlobt hühner zu essen', wo der fuchs einem pfarrherrn beichtet, absolution erhält, bald aber sein gelübde übertritt. — Ebenso findet sich diese erzählung bei Abraham a S. Clara, Lauberhütt 2, 204 (ausgabe von 1721—23, 4°).

Nicht zu finden ist diese fabel beim Anonymus (ebensowenig bei Stainhöwel oder in Caxton's fabelsammlung von 1484); weshalb unser dichter dieselbe auch nicht für eine Aesopische hält und demgemäss darin unterlässt, wie sonst stets bei benutzung der distichen, auf seine vorlage hinzuweisen; ein zeichen mehr dafür, dass er keine direkte vorlage hatte, sondern grösstenteils aus der tradition schöpfte.

V. The taill of the sone and air of the foirsaid fox, callit father Wer: Alswa the parliament of fourfuttit beistis haldin be the Lyoun, v. 796—1145.

Diese erzählung behandelt, an die vorige anknüpfend, das schicksal vom fuchse junior, der in rücksicht auf das anzutretende erbe über seines vaters tod hoch erfreut ist. Dessen leichnam wirft er in eine wassergrube, 'and to the deuill he gaif his banis to keip'. Weiter gehend sieht er das einhorn,

---

[1] Ausgabe von Osterley, Tüb. 1869, 1. bd., s. 52.

das als herold des königs auf dessen befehl ein allgemeines parlament einberuft. Alle tiere versammeln sich, der könig nimmt die huldigung entgegen und gebietet zunächst auf zwanzig meilen im umkreise allgemeinen landfrieden. Bei der nun folgenden eröffnung der verhandlungen, die den fuchs wegen seiner begangenen untaten in nicht geringe verlegenheit versetzen und ihn zu allerlei possierlichen zügen veranlassen, wird zunächst das fehlen der stute konstatiert. Der könig beschliesst, diese durch sendboten citieren zu lassen und ernennt hierzu den fuchs, der sich dieser ominösen mission jedoch durch vorschützen von lahm- und blindsein zu entziehen sucht und den in allen wissenszweigen so gut beratenen wolf vorschlägt; dieser eigene sich weit besser zur 'ambassatry'. Ohne die einwendungen des fuchses weiter zu prüfen, schickt der erzürnte könig beide spiessgesellen ab und
'oner ron and rute thay ran togidder raith'.
Bei der stute angekommen, fordern sie dieselbe auf, sich sofort mit an den hof zu begeben, widrigenfalls sie kontumaziert würde. Diese jedoch verfällt sofort auf eine list und gibt vor, durch ein privilegialschreiben auf ein jahr vom besuche des parlamentes dispensiert zu sein; das schreiben borge sie unter dem hufe, und wenn sie wünschten, so möchten sie sich davon überzeugen. Der fuchs, den dolus ahnend, gibt vor nicht lesen zu können, und indem er dem wolfe mit seiner grossen praxis 'of the chancellarie' und seiner sonstigen gelehrten bildung schmeichelt, vermag er diesen, die prüfung der dispensationsurkunde vorzunehmen. Doch kaum hat dieser sich würdevoll gebückt, als ihm die stute mit dem hufe fast den kopf zerschlägt, um hierauf auch dem fuchse die gefährliche lektüre anzubieten. Doch dieser verzichtet, eingedenk der worte: 'Felix quem faciunt aliena pericula cautum'. Um nun dem armen wolfe das blut abzuwaschen und seine schmerzen durch einen trunk zu lindern, geht er aus, wasser zu suchen. Unterwegs stösst er auf eine heerde lämmer, von denen er natürlich trotz des ausgeschriebenen landfriedens nicht umhinkann, sich das feisteste zum frasse auszuwählen, um erst nach dieser weiteren schandtat zum wolfe zurückzukehren. Beide ziehen nun unverrichteter sache an den hof zurück, wo der wolf noch wegen seiner 'blutigroten kappe', durch die ihn die stute zum 'doctour of diuinitie' gestempelt habe, herzlich ver-

spottet wird, besonders nach der schalkhaften erklärung des
fuchses:
>   1060 'Becaus he red hir respite plane and weill,
>   Yone roid bonnt scho racht him with hir heill'.

Während noch das ganze parlament sich ausgelassener freude
über die schalkhaftigkeit des fuchses hingibt, und dieser
seines triumphes geniesst, tritt plötzlich das mutterschaf in die
schranken, um mit herzzerreissender klage den fuchs, 'this
harlet huresonn and this hound of hell' wegen des begangenen
raubes beim könige anzuschuldigen. Da diese schandtat des
fuchses durch seine noch blutige schnauze und die wollspuren
in seinen zähnen bald zur evidenz erwiesen ist, wird er wegen
landfriedenbruchs zum tode am galgen verurteilt. Die voll-
streckung wird, nachdem er entkleidet und ihm durch den
wolf die beichte abgenommen ist, sofort durch den affen als
henker vollzogen.

Die moralitas enthält eine hübsche allegorische auslegung
der eigenschaften, welche die an der handlung beteiligten tiere
im verlaufe der erzählung zeigen.

Eine direkte vorlage mit demselben gange der handlung
hatte Henrisone auch zu dieser fabel nicht; es ist vielmehr
eine originelle kompilation von verschiedenen zügen sowol aus
der Aesopischen fabel wie dem fuchsepos. — Unser dichter
erwähnt auch nichts von einer vorlage, doch können die
verse 1100 ff.:
>   'Sad sentence men may seik, and efter fyne,
>   As dailie dois the doctourls of denyne,
>   That to oure leving full weill can apply
>   And paynt thair mater furth be poetry',

leicht dahin gedeutet werden, dass damals die tiersage in
Schottland, wie etwa die fabeln in den 'Gesta Romanorum'
oder in Bromyards 'Summa Praedicantium' etc., durch geistliche
viel zur illustration ihrer moralpredigten ausgebeutet wurde,
und dass wol auch Henrisone einige züge zu dieser 5. fabel
auf diesem wege der mündlichen überlieferung überkommen
hatte. — Wie aus reminiscenzen an Caxton's Historye of
Reynard the Foxe erhellt, ist die fabel erst nach dessen er-
scheinen, also nach 1481 verfasst. (Weiteres siehe unter
datierung).

Nachweisung der einzelnen züge und deren eventuelle
benutzung.

Der Aesopischen fabel sind, anscheinend erst durch vermittlung der fuchsepen entnommen: die list der stute mit dem hufe und der lämmerdiebstahl des fuchses. Letzterer ist ein allgemeiner und häufig benutzter zug; ersterer findet sich in den Extrav. Esopi: Fabula prima de mulo, vulpe et lupo, wie in den darauf beruhenden übersetzungen bei Stainhöwel[1]: mul, fuchs und wolff, und bei Caxton (1484): mulet, foxe and wulf. Ueberall ist aber statt von einer urkunde nur vom namen des pferdes die rede, der jenem auf dem hinterfusse geschrieben stehe; zur entzifferung desselben holt auch dort der fuchs den gelehrten wolf herbei, dem bei der lektüre der kopf zerschlagen wird. In ähnlicher weise findet sich die ganze episode ausgeführt in Caxton's Hist. of Reynard the Foxe, kap. 27, der unser dichter auch im wesentlichen folgt, besonders bei der charakteristik von der gelehrsamkeit des wolfes. Ganz evident ist die benutzung Caxton's am schlusse jenes kapitels, wo es heisst:
'Now I (the foxe) here wel, It is trewe, that I long syth haue redde and herde, that the beste clerkes ben not the wysest men'.
vgl. hierzu Henrisone v. 1063:
This taill is trew, quha tent wnto it takis;
'The grittest clerkis ar not the wysest men'.

Man vergleiche ferner das banausische prahlen des wolfes mit seiner vorzüglichen schulbildung; Caxton, ebendaselbst:
'I can wel Frensche, Latyn, Englyssh and Duche; I haue goon to scole at Oxenford. I haue also wyth olde and anneyent doctours ben in the audyence, and herde plees, and also haue gyuen sentence. I am lycensyd in bothe lawes; what maner wrytyng that ony man can deuyse, I can rede it as perfyghtly as my name' etc.

vgl. Henr. v. 997/8, 1011 ff., 1060, wo der fuchs mit feiner ironie ähnliches über den betörten wolf sagt.

Weiter zu belegen ist diese episode im flandr. Reinaert, v. 4011 ff. (ausg. von Willems, s. 159), im Reinke de Vos II, 6 (ausg. von Lübben s. 125), bei Göthe, R. F. 8; etwas modifiziert in der 17. branche des Roman du Renart (De la Jument et de Ysangrin, Méon v. 7521—7610), indem die stute vorgibt, einen dorn im fusse zu haben, den ihr Ysangrin herausziehen soll.

---

[1] S. ausgabe von Osterley s. 192.

Schon frühe scheint sich im Englischen an die person des
wolfes die vorstellung von seiner kappe oder krone geknüpft
zu haben, die er vom pferde als 'doctorhut' aufgesetzt erhal-
ten hat. So heisst es z. b. in einer politisch-satirischen fabel[1]
des 14. jahrhunderts:

> The voxe hird amang al menne,
> And told tho wolf with the brode cruno —

Dieser auch bei Henrisone sich widerholt findende zug ist
rein epischen ursprunges, da er aus der feindschaft von fuchs
und wolf hervorgegangen ist. Er findet sich schon im Rei-
nardus, im Reinaert, ferner auch in Caxton's Reynard,
aus dem ihn jedenfalls Henrisone entlehnte. In kapitel XV
sagt dort Isengrim zum Sir Bruyn (bei illustrierung von des
fuchses schändlichkeit):

> 'Thynke now on your rede crowne whiche by Reynarts mene ye
> caughte' etc. —

Aus kap. XVII, wo der fuchs erzählt:

> 'And I, poure Reynart, I haue buryed myn owen fader'

empfing unser dichter eine weitere anregung, indem er auf
jene einfachen worte hin seine trefflich gelungene und humo-
ristische einleitung zu dieser 5. fabel gründet, mit der er an
die vorhergehende anknüpfend, die beerdigung des alten fuchses
durch dessen sohn schildert.

Die verurteilung des fuchses zum galgentod lehnt sich an
Caxton's Historye of Reynard, kap. 14: How the Foxe was
arested and judged to deth, und kap. 15: How he was ledde
to the galewis, die unser dichter jedoch mit vollständiger wah-
rung seiner eigenen originalität in seine erzählung verwebt.
In seiner humoristischen auffassung steht er dem Roman du
Renart näher, wo sich diese verurteilung in der 16. branche,
v. 11085 ff. findet (Méon II, s. 57; Martin s. 38); auch im fland-
rischen Reinaert, wie im niederdeutschen Reinke de Vos ist
diese episode enthalten, doch wird in allen diesen dar-
stellungen, abweichend von Henrisone, der fuchs auf eine
neue list hin freigesprochen, die er mit seiner beichte einzu-
leiten weiss. Diese erweiterung musste unser dichter natur-
gemäss fallen lassen, da sie ihn genötigt haben würde, die
einheit seiner fabel aufzugeben.

---

[1] Abgedr. nach Harl. 913 von Thoms in seiner einleitung zu Reynard
the Foxe, s. LXXIV ff. (Percy Soc.).

Der klage des hahnes bei Caxton, kap. V — im Reinke de Vos I, 3. kap.; Reinaert v. 283 ff. (ausg. v. Willems), Roman du Renart, 20. branche, ebenso Reinhart v. 1461 ff. (Grimm, R. F. s. 76) — entspricht bei unserm dichter die klage des mutterschafes.

Einer der auffälligsten züge und ganz dem fuchsepos entnommen, ist die entbietung des hofes, die sich bei Caxton, kap. I findet. Sie ist schon dem Reinhart von Heinrich dem Glichesäre eigen, vgl. v. 1321 ff.:

> Einen hof gebót er zehant,
> die boten wurden gesant
> witen in das riche.

vgl. Reinaert, eerste boek v. 44—45 (Willems s. 3):

> Nobel die conine hadde gedaen
> Sijn hof eraieren over al

Reinke de Vos, 1. kap. v. 9 ff.:

> Nobel, de konnink van allen deren,
> hélt hof, unde lét den ûtkreieren
> sin lant dorch overal.

Mehr als in den angeführten citaten ist in keiner fuchsbearbeitung über die art und weise der einberufung des hofes gesagt, doch führt sie unser dichter in ganz selbständiger behandlungweise dahin aus, dass das einhorn als herold durchs land zieht, mit dem hüfthorn die tiere um sich sammelt und ihnen dann das feierliche edikt des königs verliest (v. 855—865).

Auffällig und von grosser bedeutung für die quellenforschung ist bei Henrisone die verkündigung eines allgemeinen landfriedens, die sich weder im Roman du Renart, noch im Reinaert, bei Caxton, oder im Reinke findet, wol aber im Reinhart erwähnt ist, v. 1239 ff. (Grimm, R. F. s. 69):

> Diz geschach in eime lantvride,
> den hát geboten bi der wide
> ein lowe, etc.

Sonnit muss also unser dichter diesen zug auf grund des 'Reinhart' oder, was wahrscheinlicher ist, auf grund einer älteren französischen quelle[1], die wol auch jenem vorlag, überkommen haben.

---

[1] Dafür, dass das fuchsepos schon lange vor Caxton eingang in England gefunden hatte, spricht übrigens auch die verwendung epischer tiernamen bei Odo von Cerington und in einzelnen altengl. fabeln.

Ebenfalls nicht auf Caxton's Reynard oder die flandrische bearbeitung, sondern auf französischen oder deutschen einfluss ist das absenden von botschaftern an ein bei hofe fehlendes tier (bei Henr. an die stute) zurückzuführen, was sich nur im Reinhart und in der 20. wie 26. branche des Roman du Renart widerfindet.

Durch diese letzten beiden umstände ist nun aber gleichzeitig erwiesen, dass Henrisone seine beschäftigung mit den fuchssagen, eben jedenfalls angeregt durch Caxton's Hist. of Reynard, weiter ausgedehnt hatte. Dies erhellt auch ganz besonders noch durch folgendes: In seiner aufzählung der tiere, die bei hofe erscheinen, folgt er nicht der Caxton'schen redaktion, wo wie in der flandrischen und niederdeutschen nur gesagt ist, 'dass da alle die grossen und kleinen tiere zusammenkamen', sondern dem 'Couronnemens Renart' (Méon IV, 1 ff.).

Wenn auch dort die fabel einen abweichenden charakter trägt, so ist es geradezu überraschend, wie viele tiernamen er in seiner 5. fabel v. 887—921 aus jenem epos v. 1720—1825 entlehnte. Zumeist stimmen sogar die den tieren beigelegten attribute in beiden aufzählungen überein. Von den zahlreichen beispielen will ich hier nur einige recht charakteristische hervorheben. Cour. Renart v. 1708:

> — — — Il (lyon) assembla
> Tous les barons qui l'Prince furent,
> Des biestes qui quatre piés urent;

Diese französischen verse enthalten eine unabweisbare coincidenz mit Henrisone's überschrift dieser fabel: 'The Parliament of fourfuttit Beistis'; oder Henr. v. 881:

> — — — all fourfuttit beistis on eird,
> As thay commandit war withoutin moir,
> Befoir the lord the lioun thay appeirit.

Besonders bezeichnend ist auch die entlehnung von mythischen tiernamen, vgl.

{ Cour. Ren. 1798 Pegasus pilosus (?) en l'or,
    Henr. 859 — — — and the Pegase perillous (!)
        Transformit be assent of sorcerie
oder Cour. R. 1781 Mancitora (?)
    Henr. 887 minotaur.
{ Cour. R. 1752 glis et gali,
    Henr. 898 The jolie, gillet
  Cour. R. 1606/7 Tygris, si je dire le voir
        D'orguel passoit tous le plus fors,
    Henr. 891 — the tiger full of tiranie.

> Cour. R. 1788 Mus et earum genera
> R'avoient le camp empli
> Henr. 918 — the litill mous with all hir micht etc. etc.

Da sich im Cour. Renart sehr viele entstellte und willkürliche namensbildungen finden, die wie jetzt, wol auch schon dem Henrisone unverständlich blieben, so sagt er denn, nachdem er sich die bekanntesten herausgesucht oder manche andere sich selbst zurechtgelegt hat:

> 'And mony kynd of beistis, I couth not knaw'.

Zu einer so detaillierten aufzählung der tiere empfing unser dichter die anregung aus Chaucer's 'Assembly' of Foules' und Jakob's King's Quair V., die er beide vor sich hatte. Da in der Assembly of Foules nur wenige vierfüssige tiere sich erwähnt finden, so konnte die benutzung für seine aufzählung nur eine minimale sein:

> Ass. of F. 194 And further abouten I gan espye
> Tho dredful roo, the buk, the hert, the hynde
> Henr. 900 The da, the ra, the hornit hart, the hynd.

Ganz frappant aber ist der einfluss, den auch King's Quair bei der aufzählung der tiere auf unsern dichter ausübte; fast zeile für zeile folgt er jener dichtung und nennt beinahe jedes tier, das er dort angeführt findet; — doch ist bei alledem die benutzung vom Cour. Renart keinen augenblick in zweifel zu ziehen, da könig Jakob viele tiere nicht anführt, die Henrisone aus jenem französischen epos entlehnte. So findet sich von den oben genannten, so charakteristischen tiernamen nicht ein einziger gleichzeitig auch im King's Quair wider. In folgendem seien die parallelstellen mit letzterem hervorgehoben:

> K. Q. V, 3 And.also, as it come vnto my mynd,
> Of bestis sawe I mony diuerse kynd.
> Henr. 885 I sall reheirs ane pairt of euerie kynd,
> Als fer as now occurris to my mynd.
> K. Q. V. 4. str. The pantere like vnto the smaragdyne,
> Tho percyng lynx, the lufare vnicorn.
> K. Q. V. 5. str. The fere tigere full of felony,
> Henr. 896 The peyntit panther, and the vnicorne,
> 891 The linx, the tiger full of tiranie.[1]
> K. Q. V. 4. str. The nyce ape, the werely porpapyne (?)
> Henr. 904 — — — aip and pennit porcupyne

---

[1] Für das attribut des tigers hatte Henrisone die wahl zwischen dem Cour. Ren. v. 1807 'orgueil' (s. o.) und Jakob's 'felony'; man sieht, wie hier unser dichter den sinn beider im worte 'tiranie' zu vereinigen suchte.

K. Q. V. 5. str.		The dromydar, the stander oliphant,
	Henr. 892	The elephant, and eik the dromedarie;
K. Q. V. 5. str.		The clymbare gayte, tho elk for alblastryc (?)
	Henr. 905	The gukit gait, — — —
	888	Bellerophant, that beist of bastardrie,
K. Q. V. 5. str.		Tho herknere bore,
		The haire also, that oft gooth to tho hortis,
	6. str.	The bugill — — — .
	Henr. 901	The bull, the beir, the bugill, and the bair
	903	— — — and tho hirpilland hair,
K. Q. V. 6. str.		The martrik sable, — — —
	Henr. 913	The mertrik,
K. Q. V. 6. str.		The riall hert, the conyng and the ro,
	Henr. 900 und	Chaucer's 'Assembly of Foules' s. o.[1]
K. Q. V. 6. str.		The wolf, that of the murthir not say ho,
		For chamelot, the camel full of haro,
	Henr. 869	Tho warwolf — — —
	893	Tho cameill with his cran nek etc.
K. Q. V. 7. str.		With many ane othir heste diverse and strange,
		That cummyth not as now vnto my mynd.
	Henr. 920	And mony kynd of beistis, I couth not knaw,
	oder 886	Als fer as now occurris to my mynd.

VI. The taill of the Scheip and the Dog,
v. 1146—1320.

Es ist die bekannte Aesopische fabel vom hund und schaf, in der letzteres, wegen einer brotschuld angeklagt, vor gericht geladen und durch die aussagen falscher zeugen verurteilt wird. Indem Henrisone die ganze fabel in eine satire gegen die geistlichen gerichtshöfe umwandelt, gibt er ihr ein durchaus selbständiges und individuelles gepräge. Für damalige zeitumstände ist sie von grösster kulturhistorischer bedeutung[2] (bes. v. 1302—20) und dürfte wol gerade für die kenntniss der altschottischen gerichtspflege manchen anhalt bieten, der aus anderen schriftstücken jener zeit nicht mehr zu gewinnen ist.

Die vorladung geht mit den damaligen üblichen formeln unter dem namen des wolfes, vor dem auch die klage gegen das schaf zu rechtswidriger zeit (vgl. v. 1173 und 1199—1201)

---

[1] Siehe auch Anglia III, s. 254, wo Wood diese stelle herbeizieht, um Ch.'s einfluss auf James nachzuweisen.

[2] Sie ist wol auch nicht von geringem einfluss auf Dunbar's 'General Satire' geblieben, wo u. a. in ähnlicher weise wie bei Henrisone die ungerechtigkeit in der handhabung der gesetze, die unzulänglichkeit in der organisation des gerichtswesens etc. gegeisselt werden.

und unter hinzuziehung von bestochenen anwälten, assisen etc.
verhandelt werden soll. Das arme schaf, welches den gesammten gerichtshof a priori wider sich hat, protestiert gegen
zeit und ort, besonders aber gegen den wolf als richter, da
dieser ein ausgesprochener feind seines ganzen geschlechtes
sei. Um den äusseren schein zu wahren, lässt der wolf dem
usus gemäss zwei schiedsrichter (arbeteris) wählen, die nach
scheinbar eifrigster konsultierung der digesten¹ und codices
die einwände des schafes verwerfen und somit dessen verurteilung herbeiführen. Bei strafe des interdikts soll es nun
baarzahlung leisten, weshalb es sich genötigt sieht, trotz der
grimmigen winterkälte seinen pelz zu veräussern und den erlös
dafür an den hund abzuliefern.

Quelle sind die distichen des Anonymus I, 4: De cane
petente panem oui, die er auch hier wider dem 'Esope' selbst
zuschreibt (v. 1146). Die behandlung ist ebenso wie bei den
anderen ihm entlehnten fabeln in auffassung wie motivierung
eine durchweg freie und originelle. Etwas engere anlehnung
findet sich an den Anonymus v. 3:

{ vgl. Henr. 1175	Pro cane stat miluus, stat unltur, stat lupus —
	1150	The glod, the grape at the bar couth stand,
		Ane fraudfull wolf wes juge — — —
{	Anon. 7	Ergo suum, licet in stethyems, prouendit amictum,
		Et boream patitur vellere nuda suo.
{	Henr. 1254	And sauld the woll, he bure vpoun his bak;
	1257	Naikit and bair sync' to the feild couth pas.
	1258	Quhen borias, with blastis bitterlie, etc.

Gegen die benutzung des Phaedrus, worüber schon oben s. 34
eingehenderes gesagt wurde, spricht in dieser fabel Phaedrus I, 17, v. 4:

Lupus citatus testis non unum modo (panem)
Deberi dixit, verum affirmavit decem,

während beim Anonymus wie bei Henrisone das schaf nur ein
brot schuldet; ferner Phaedrus v. 7:

— — — Post paucos dies
Bidens jacentem in fovea conspexit lupum,

während bei Henrisone und dem Anonymus von einem solchen
weiteren schicksale des wolfes nicht die rede ist.

---

¹ Durch seine einteilung der digesten in neue und alte (v. 1217) zeigt
Henrisone seine berufsmässige kenntniss der rechtswissenschaft, indem er
an dieser stelle die von Bulgarus im 12. jahrhundert eingeführte teilung
in 'digestum vetus', 'dig. infortiatum' und 'dig. novum' unterscheidet.

Dieselbe fabel hat auch Lydgate in 32 Chaucerstrophen behandelt; sie findet sich als 'III. fabul of Isopos' in dem vorerwähnten Harl. Ms. fol. 288ᵇ ff. Ihrer ausführung gegenüber hat Henrisone den grossen vorzug der exaktheit und kontinuität, bei denen er breitspurige exkurse meidet, die bei Lydgate ohne direkten bezug auf die fabel selbst den grössten teil der erzählung ausmachen. Während Lydgate's tendenz nur auf die geisselung der 'jurrours' gerichtet ist und es ihm dabei durchweg an feiner ironie wie zündendem sarkasmus gebricht, entrollt uns Henrisone bei interessanter detailschilderung ein lebhaftes bild vom zeitgemässen stande der gesammten rechtspflege und weiss dies im vollbesitze jener dem Lygate mangelnden vorzüge in eine so trefflich motivierte satire zu kleiden, dass jenes erzählung dagegen wirkungslos zurücksteht. Trotzdem aber, dass beide dichter in vielen einzelzügen von einander abweichen, ist doch der einfluss Lydgate's auf Henrisone ganz unverkennbar, und insofern als erweiterungen der bereits genannten lateinischen vorlage in betracht kommen, verdient die Lydgate'sche fabel mit recht auch neben jener als wesentliche quelle genannt zu werden. Direkte anlehnung findet sich:

Lydg. 2. str. To bien forsworn, vpon a booke for mede,
Of conscience they take so litel hede,
14. str. Thus al thre were falso be oon assent,
The hound, the wolf and the cursid kyte,

Henr. 1203 He (the judge) bad the parteis chels, with ane assent.
1241 This cursit court, corruptit all for meld,
Aganis gude faith, law, and elk conscience,
For this fals dog prommelt the sentence.
1180 Thocht it was fals, thay had na consclence.

Lydg. 3. str. Agenst a sheepe, symple, and innocence,
Whiche stoode alone, voyde of al refuge,
Constrayned bi force to apper aforn the juge.
4. str. Agenst the sheepe, quakyng in his drede,
Withouton support of any proctour,
This ravenous hound thus wrongely gan procede,

Henr. 1230 The scheip agane before the wolf doroinyeit,
But advocat abasitlie couth stand.
Vp rais tho dog, and on the scheip thus ploinyeit,
1165 Of his awin heid, but advocate allone,
The scheip auisitlie gaif answer in the cace.

Lydg. 7. str. For other annswer plainly cowde he (sheepe) none.

| zu Henr. 1231 — — — abasitlie couth stand (s. o.) vgl. noch
| Lydg. 6. str. The sely sheepe — stoode a basshed.
(Lydg. 14. str. The sheepe, allas, though he were innocent,
| By doome compelled,
| Henr. 1248 Of this sentence, allace, quhat sall I say,
| Quhilk dampnit hes tho silie innocent,
(Lydg. 13. str. The sheepe condempnod, — — —

Da ich hiermit die parallelstellen nahezu erschöpft habe, diese aber die vorlage der Lydgate'schen fabel ausser zweifel stellen, so wird man doch in bezug auf sprache und ausdrucksweise die selbständigkeit Henrisone's nicht leicht verkennen können, mit der er jener über zweihundert verse zählenden dichtung folgt.

Bei der remonstration des schafes vor gericht, Henr. 1187:

'Heir I decline the juge, the tyme, the place',

ist eine anlehnung an könig Jakob's stil zu konstatieren; vgl. King's Quair IV, 9;

'The place, the houre, the maner, and the wise,
Gife mercy sall admitten thy servise'.

Nachweisungen der fabel.

Aesop., Camerarius, Lips. 1570, no. 172; Phädrus I, 17, Romulus I, 4: Ovis, canis, lupus, milvus et accipiter. Wright, Lat. Sories 4: De cano et ove; Ysopet I, 4; 2, 14 (Robert 2, 449); Marie de France IV: Don Chien è d'une Berbis; Stainhöwel I, 4 (hund und schauff); Caxton's fabelsammlung I, 4 (dogge and sheep); Boner 7 (ausg. v. Pfeiffer s. 12); B. Waldis I, 48 (Kurz, Deutsche Bibl. 1 s. 84); Luther 5, 405, b: Hund und Schnaf; Grimm, R. F. s. 345: Der wolf ein geziue; Gerhard von Minden IV. (Niederd. Denkm. 2, s. 8); Wolgemuth 84.

VII. The taill of the Lyoun and the Mous.

A. Prolog, v. 1321—1404.

An einem herrlichen Junimorgen macht der dichter einen spaziergang, legt sich mitten ins blumengefilde unter einen hagedorn und schläft ein. Da erscheint ihm im traume 'the fairest man, Esope' in seiner tracht als poeta laureatus, der ihm auf seine bitte die fabel vom löwen und der maus erzählt.

B. The taill, v. 1405—1621.

Es ist die bekannte fabel, in der eine vom löwen gefangene und grossmütig wider freigegebene maus jenen später aus einem netze befreit. Die hier dem Aesop in den mund gelegte erzählung ist reich an dramatischem leben; so ruft die dankbare maus zur befreiung des löwen all ihre spielgefährten herbei:
'"Cum help, cum help", and thay come all In hy',
die sich auch bereitwilligst an die lösung der netze machen:
1562 'Befoir, behind, sum gald abont, sum vnder' etc.;
man vergleiche auch die treffliche verteidigungsrede der maus, v. 1431 ff., und den sich daran knüpfenden schwungvollen dialog.

In der moralitas vergleicht der dichter den löwen mit einem potentaten, der sich die grossmut des tierkönigs zum muster nehmen könne; die mäuse, als die repräsentanten des volkes, bewahren die oft verkannte volkstreue; die männer, in deren stricke der löwe gefallen, sind die aufwiegler, die das gemeinwol untergraben und selbst gegen den könig ihre verräterischen netze auswerfen. Somit zeigt diese nutzanwendung die deutliche tendenz, das gute verhältniss zwischen bevölkerung und landesherrn zu heben und den könig gegen seine falschen barone zu warnen:
1612 'Mair till expone as now I let allane,
  Bot king and lord may weill wit quhat I mene'; —

Quelle ist der Anonymus I, 18: De leone et mure, dessen distichen auch in vorliegender fabel eine durchweg freie und geistvolle benutzung erfahren haben.

Zur ganzen dichtung verwendet Henrisone die in der mittelalterlichen literatur so beliebt gewordene und zuerst von Alain de Lille und Raoul de Houdane aufgebrachte einkleidung allegorischer resp. satirischer darstellung in einen traum. Der prolog ist eine eigene phantasievolle schöpfung unsers dichters und gehört durch seine anmutige schilderung Aesop's zu dem besten, was er geschrieben. Der spaziergang des dichters mit der reizenden naturschilderung erinnert lebhaft an den eingang des V. buches von King's Quair, ohne jedoch deckende parallelstellen zu bieten; auch eine anlehnung an Chaucer's Assembly of Foules macht sich bemerkbar:

Ass. of F. 183	A gardein sawe I full of blosomed bowis, Upon a rivir in a grene mede, There as swetenesse evirmore inough is, With flouris white and blewe, yelowe and rede,
Henr. 1328	Sweit was the smell of flouris, quhite and reid[1], The bewis braid blomit aboue my heid, The ground growand with gres gratious Of all plesance that place wes plentious, With sweit odouris — — —
Ass. of F. 190	On every bough the birdis herd I syng, With voice of angell in ther harmonie,
Ass. of F. 204	The aire of the place so attempre was, That ner was ther grevaunce of hot ne cold, There was eke every wholsome spice and gras,
Henr. 1328	Sweit was the smell of flouris (s. o.) — — — The noyes of birdis richt delitious,
1333	With sweit odouris, and birdis harmony, The morning myld; — my mirth wes mair for thy
Ass. of F. 208	Yet was there more jole a thousande fold, Than I can tell,

Nachweisungen dieser fabel.

Aesop. Corai 217 *Λέων καὶ Μῦς*; Aes. Furia 98 id; bei Nevelet s. 221; Babrios 107; Abstemius 52 (Nevelet s. 556); Romulus I, 18 (Oesterley); Phaedrus, Dressler VII, 3, Müller VII, 4, Burmann app. 4; Dositheus 2; Anonymus, Nevel. s. 499; Aesop. Camer. s. 181; Nilant s. 86 und s. 14; Vinc. Bellovacensis, Spec. dotr. 3, 120; Spec. hist. 2, 3: Contra contemtores humilium; Dialog. creaturarum 24; Bromyard 2, 5, 4; Neckam 41 (Du Méril); Wright, Latin Stories XVII; Baldo 24 (Du Méril); Dorpius (Argent. 1519) A. 4; Marie de France XVII: D'une Soris qui défoula un Lion; Ysopet 1. 18; 2, 38 (Robert s. 131 und 134); Clément Marot, 125 (G. Haudent); Lafontaine II, 11; Le Noble 1, 184; Desbillons 5, 30: Leo et Musculus (Du Méril s. 210); Boner 21 (Pfeiffer s. 32); Keller, Altd. Erz. s. 518; Burkh. Waldis I, 14 (Kurz, D. Bibl. 1, 37); Stricker, Altd. W. 3, 175; Franck 1, 109. b (Sprichw.); Fischart, Gargantua 41. kap.; Eyring (Prov.) 1, 215, 511, 668; Wolgemuth 63; Gerhard von Minden XVI (Niederd. Denkm. 2, s. 24); Kirchhof, Wendunmuth 7, 20; Stain-

---

[1] Vgl. hierzu Henrisone's einfluss auf ein bei Irving s. 240 angeführtes gedicht Dunbar's:

"Thair saw I flouris that fresche wer of dew,
Baythe quhyte and reid most lustye wer to seyne,
And halsum herbis upone stalkis grene'.

höwel I, 18: löwe und mus (Oesterley s. 102); Caxton's fabelsammlung (1484), I, 18, fol. 39ᵇ: lyon and rat; Wynkyn de Worde I, 18; Pantschatantra (übers. von Benfey, Leipzig 1859) 1, 208 und 324 ff.; 2, 226.

VIII. The preiching of the Swallow, v. 1622—1950.

Der dichter ergeht sich zunächst in religionsphilosophischen betrachtungen, die ihn zu dem schlusse führen, dass in einer innigen und zuversichtlichen hingabe an Gott das höchste glück zu finden sei; dessen allmacht sei es, die alles regiere und alles erfreue und man solle, um sie zu schauen, nur in die freie natur hinaustreten. — Hieran knüpft der dichter eine treffliche idylle des landlebens und eine geradezu vorzügliche schilderung der einzelnen jahreszeiten. An einem schönen frühlingsmorgen habe er sich, indem er weiterfortführt, in freiem gefilde unter einen baum gelegt, um die reize der landschaft in musse betrachten zu können. Hier habe er, indem er auch später noch oft zu diesem ruheplätzchen zurückgekehrt sei, sich folgende fabel abspielen sehen: Eine schwalbe ermahnt die vögel, den von einem landmanne ausgesäten hanfsamen aufzupicken, aus dem jener später netze zum einfangen der vögel herstellen wolle. Der rat wird aber trotz widerholter mahnungen nicht beachtet, die zeit verstreicht, die saat wird grösser und grösser, und in der rauhen winterszeit müssen die vögel ihren leichtsinn büssen. Denn nachdem der bauer seinen flachs eingeerntet, ihn zu hanf gesponnen und netze daraus geflochten hat, geht die prophezeiung der schwalbe in erfüllung und die vögel werden eingefangen, nachdem die schwalbe bereits vorher mit einsicht der gefahr davon geflogen ist.

Die moralitas ist von allgemein religiöser tendenz und gipfelt in dem vergleiche der schwalbe mit einem priester, der seine gemeinde ermahnt, stets der zukunft zu gedenken und nicht durch gewissenlosen leichtsinn sich das ewige heil zu verscherzen.

Durch seine vorliebe für naturmalerei lässt der dichter sich im eingange zu weit hinreissen, so dass er hier den vorwurf der weitschweifigkeit verdient, zumal die ganze einleitung (sechzehn strophen) in keiner direkten beziehung mit der fabel selbst steht.

Quelle ist Anonymus I, 29: De lino, hirundine et aliis
auibus. — Die einleitung wie die ganze ausschmückung der
fabel ist eigentum unseres dichters, zeigt aber hier und da
reminiscenzen an Jakob's King's Quair und Chaucer's Assembly
of Foules; vgl. Assembly of F. v. 22:

'For out of the olde feldis, as men saieth,
Cometh all this newe corne fro yere to yere',

woran er seine schilderung der jahreszeiten zu knüpfen scheint.

{
Ass. of F. 183 A gardein sawe I full of blosomed bowis,
With flouris white and blewe, yelowe and rode
Henr. 1653 — — — thir jolie flouris,
Richt sweit of smell, and plesand of colouris,
Sum grene, sum blew, sum purpour, quhite and reid,
}

Nachweisungen dieser fabel.

Aesop (Furia) 327; 385: Χελιδών καὶ Ὄρνιϑες; bei Korai
285, 331: Γλαῖξ καὶ Ὄρνια, 332; Babrius 88: Κορυδαλὸς καὶ
ῥοδσσοί; Aes. Camer. s. 181: Hirundo et Aviculae; Phaedrus:
Dressler 7, 10; Burmann app. 12; Müller 7, 6 (Aves et Hirundo);
Romulus (Oesterley) I, 19; bei Nilant s. 47 und 88; Anonymus
bei Nevelet s. 500; Neckam 18 (Du Méril 190); Dorpius A 4. —
Dial. creatur. 119. — Desbillons 14, 1: Hirundo et Aves aliae;
Wright (Lat. Stories) I, 18: De anibus; Marie de France XVIII:
De l'Arondelle et des Oiseax, alias De l'Aronde qui voleit les
lins mengier. Ysopet 1, 25; 2, 27 (s. Robert s. 11 und 40—46).
Haudent 127, 261; Le Noble 2, 39: Du Lin, des Oiseaux et de
la Pie; Lafontaine I, 8: L'Hirondelle et les petits Oiseaux; Guicciardini 121. b: La providentia evitare perigli grandissimi e l'inconsideratione operare il contrario. — Boner 23 (Pfeiffer s. 35);
Keller, Altd. Erz. 566; Burkh. Waldis 1, 16 (Kurz, D. Bibl. s. 40);
Gerh. von Minden XVII (Niederd. Denkm. 2, s. 25); Kirchhof,
Wendunmuth 7, 114 (ausg. v. Oesterley IV, s. 325; Rollenhagen,
Der Schwalben Rath; Wolgemuth 65; Lucanor (übers. v. Eichendorff) 27; Stainhöwel I, 20 (Oesterley s. 105); Caxton's fabelsammlung I, 20 (Of the swalowe and other byrdes); Wynkyn
de Worde I, 20; Esopus 20; Pantschatantra (übers. v. Benfey) 2,
s. 139: Ein alter schwan rettet eine schon gefangene schaar
von schwänen.

IX. **The taill of the wolf, that gat the nekhering
throw the wrinkis of the foxe, that begilit the cadgear,**
v. 1951—2230.

Der fuchs begegnet einem hungrigen mönchswolf, der ihn
zu seinem proviantmeister ernennen will. Seine ungeschicklichkeit im hühner- und lämmerfang vorschützend, sucht der fuchs
die ehre abzulehnen, muss sich schliesslich aber der gereizten
stimmung des mächtigeren wolfes unterworfen und schwört ihm
den eid der treue. Um seines amtes als besorgter 'stewart'
sofort zu walten, beschliesst der fuchs von einem daherfahrenden fischhändler (cadgear) für seinen 'silberkranken' herrn ein
fastenessen zu erlangen. Den scheintoten spielend, legt er sich
mitten auf den weg und wird, wie geplant, vom fischhändler
gefunden und als willkommene beute auf den fischwagen geworfen. Der verabredung gemäss wirft er nun dem von weitem
folgenden wolfe die häringe vom wagen herab und entkommt
wider. Der fischhändler sucht ihn zwar durch versprechungen
zurückzulocken, doch dieser zieht vor, sich nicht schnöder
behandlung auszusetzen, die der 'cadgear' seinem felle zugedacht und dies so vernehmlich ausgesprochen hatte, dass es
der scheintote fuchs sehr wol hatte hören können. Er kommt
nun zum wolfe zurück und erzählt ihm, um die häringe in
seinen eigenen besitz zu bringen, von einem riesengrossen 'nekhering', den der fischhändler noch auf dem wagen liegen habe,
den er aber, als schwächlicher fuchs, wegen seines allzugrossen
gewichts nicht habe herabwerfen können. Er, der stärkere wolf,
würde dagegen gewiss seiner herr werden und damit vierzehn
tage lang nahrung gewinnen. Als der durch diese günstige aussicht lüstern gemachte wolf fragt, wie er die beute erlangen
könne, rät ihm der fuchs die erfolgreiche list des totstellens.
Erfreut geht der wolf darauf ein und legt sich auf den weg.
Unterdessen hat der fischhändler zur verfolgung und züchtigung
des fuchses einen tüchtigen stocke aus dem walde geschnitten
und eilt nach der richtung, in der ihm der fuchs entflohen.
Bald stösst er auf den wolf, der mit ausgestreckten beinen und
heraushängender zunge regungslos daliegt und krampfhaft die
weisungen des fuchses befolgt. Der fischhändler jedoch, die
alte list wider erkennend, prügelt mit aller kraft auf den
wolf los, bis diesem bald das blut über den ganzen körper

rieselt und lässt ihn dann in hilflosem zustande auf dem wege liegen. Der fuchs aber hat sein ziel erreicht und ist nun herr der ganzen fische geworden, die er mit in seine höhle schleppt und vergnügten mutes verzehrt.

Die moralitas enthält eine nicht ungeschickte allegorische auslegung der handelnden individuen und geisselt besonders die habsucht als wurzel aller sozialen zerrüttung.

Quellen. Die anlage wie die ganze ausschmückung dieser erzählung ist eigene schöpfung unsers dichters; die fabel selbst ist eine kompilation aus einzelnen zügen der fuchssage und wurde wol angeregt durch das IV. kapitel von Caxton's Historye of Reynard the Foxe. Dort hat der könig ein parlament einberufen, bei dem sich alle tiere über den fuchs beklagen, bis auf den dachs, den neffen des fuchses, der die verteidigung seines onkels übernimmt: 'Reynard habe, um den wolf vor dem hungertode zu schützen, sich tot gestellt, sei so auf einen fischwagen gelangt und habe fische herabgeworfen; doch sei der wolf so undankbar gewesen, habe den ganzen raub allein aufgefressen und jenem nur die gräten übrig gelassen'.[1] Mehr als diese anspielung auf die fischraubepisode, die bei Henrisone den kern der erzählung bildet, findet sich weder im flandrischen Reinaert, noch in dessen prosaauflösung, die 1479 zu Gouda gedruckt und von Caxton als vorlage benutzt wurde. Zur weiteren ausführung der genannten episode diente unserm dichter als quelle: die 10. branche des französischen Roman du Renart: 'Si conme Renart et Primaut ventirent les vestemens au Prestre por un Oyson'. Dort gehen Renart und der wolf Primaut auf abenteuer aus und treffen einen priester, von dem sie eine gans für einige kleidungsstücke eintauschen. Da aber der wolf diesen braten allein auffrisst, schwört ihm der fuchs rache. Nun setzt in der französischen branche v. 3939—4264[2] die erzählung ähnlich wie bei unserm dichter ein: Vor daherziehenden fischhändlern legt sich der fuchs als scheintoter auf den weg, wird auf den wagen geworfen, frisst dort viele häringe und nimmt

---

[1] Vgl. Caxton: 'Knowe not ye, how ye mysdelod on the plays whiche he (the Foxe) threwe doun fro the carre, whan ye folowed after fro ferre. And ye ete the good plays allone, and gaf hym no more than the grate or bones, whyche ye myght not ete your self'.
[2] Méon, Roman du Renart, vol. 1.

dann einen frischen häring mit sich, um damit seine rache
gegen Primaut wegen der ihm weggefressenen gans einzuleiten.
Wie erwartet, wird der wolf durch diese mitgebrachte probe
lüstern gemacht und will nun, um auch seinerseits zu einer
häringsmahlzeit zu gelangen, die list des fuchses nachahmen,
wird jedoch von den fischhändlern tüchtig durchgeprügelt und
muss wider entfliehen, ohne einen einzigen fisch erlangt zu
haben. — Aus der vergleichung dieses erzählungsganges mit
der oben gegebenen analyse wird man leicht ermessen können,
inwieweit Henrisone seine vorlage modifizierte. Wie eng er
sich bisweilen an dieselbe anlehnt, möge an folgenden parallel-
stellen gezeigt werden; bei der beschreibung des totstellens:

  10. br., v. 3051 El chemin se met de travers
                   Sl s'estolt couchiez à envers; —
                   Si a son balevre retret,
                   Les eulz clot et la langue tret. — —
          3959 A merveille resemble mort.
  Henr. 2040 With that he kest ane compas far about,
                   And strawcht him doun in middis of the way,
                   As he wer deid, he feinyeit him, but dout, — —.
                   The quhite he turnit vp of his ene tway;
                   His toung out hang —,— — etc.

Aehnlich auch bei anwendung dieser list durch den wolf,
Henr. v. 2161—64; vgl. auch die stelle, wo der fuchs beschreibt,
wie man sich tot stellen müsse:

  Henr. 2136 'Hing furth your toung, and clois weill your
  10. br., 3954 Les eulz clot et la langue tret (s. o.). [ene tway',

Als der fischhändler den fuchs findet, dessen fell er sich wol
zu nutze machen will:

  10. br., 3966 'Je cuit qu'll (Renart) nos aquitera,
                   Sa pel enquenuit nostre escot,
                   Ele est bone à metre en sorcot.'
          3979 'Nos osterons sempres la pel
                   A la pointe de mon coutel,
                   Quant nos seromes herbergié'
  Henr. 2058 ff. The cadgear fand the fox, and he was fane,
                   And till him self this softlie can he say:
                   "At the nixt bait in faith ye salbe flane,
                   And of your skin I sall mak mittenis tway".'

Um seinen tod wahrscheinlicher zu machen, legt der fuchs
sich mitten in eine pfütze:

  10. br., 3957 En l'ardille s'est tooilliez,
                   Tant que il estoit toz soilliez.
  Henr. 2063 'Helr lyis', quod he (cadgear), the deuill deid in a dyke.

Nachdem der fischhändler den fuchs auf seinen wagen geschleudert, treibt er mit erneuter lust seine pferde an:

10. br., 3984 Et tantost se mist à la frape;
Henr. 2077 Syne be the heid the horß in hy hes hint.[1]

Auch in der französischen branche sind die fische in einem korbe, dessen verschluss der fuchs mit den zähnen öffnet:

10. br., 3985 Et si i avoit un panier,
Où il avoit bien deus millier
De harens frès — etc.[2]

Vgl. bei Henr. v. 2076 u. 2079: erwähnung und öffnung des korbes (creill).

Nachdem der fuchs wider entwischt ist, läuft in beiden bearbeitungen der fischhändler hinter ihm her (in der französischen branche zusammen mit seinen genossen):

10. br., 4022 Et quant se sont aperçeu,
Tuit ensemble le vont huiant.
Et celui, qui s'en va fuiant,
N'avoit de lor parole cure.

Vgl. Henr. v. 2086, 2168 etc. — Auf das wort 'parole' gründen sich bei Henr. die versprechungen des fischhändlers, durch welche dieser den fuchs zurückzulocken sucht.

Auch die rückkehr des fuchses zum wolfe findet sich in der 10. branche,

v. 4026 ff. Vet s'en lo trot et l'ambléure
— — — — — — —
Tant que il est venuz au lou (== lieu)
Où il lessa Primaut lo Leu.
vgl. Henr. 2105 With that the fox vnto the wolf culd wend, etc.

Als der wolf lust vorspürt, auch auf den fischwagen zu gelangen, sagt er:

10. br. v. 4140 'Renart, enseigne moi,
Por Dieu et por l'amor de toi,
Comment tu ces harens eus; etc.
Henr. v. 2130 'Than', said the wolf, 'quhat counsalo gouls thow me?'

Der rat, den hierauf der fuchs dem wolfe erteilt, bei Henrisone v. 2133—46, entspricht wider nahezu der französischen

---

[1] Hiermit erklärt sich durch Henrisone das altfrz. wort 'frape' als 'antreiben des pferdes', während Méon in sr. ausgabe den sinn dieses verses nicht zu deuten vermochte [vgl. Méon I, 370: 'frape, ce mot dont je n'ai pu trouver l'origine, paroît signifier ruse, piége'(?)].
[2] Der umstand, dass sich der raubzug des fuchses auf häringe richtet, ist bei unserm dichter ausschliesslich auf einfluss des französ. Roman du Renart zurückzuführen. Im Reinaert stiehlt er 'pladiso' (v. 211), bei Caxton, kap. IV: 'playes', und im Reinke de Vos: 'otlike vische' (v. 188).

fassung v. 4155—69. Auch der ganze weitere verlauf der handlung korrespondiert bei unserm dichter mit jener branche, nicht ohne dass Herisone manch feinen und humoristischen zug wie durchweg eine selbstständige auffassung voraus hätte. So gipfelt z. b. seine erzählung darin, dass der fuchs endlich in den alleinigen besitz der herabgeworfenen fische gelangt. Deshalb wird bei ihm der wolf so sehr vom fischhändler traktiert, dass er hilflos auf dem wege liegen bleibt und den fuchs nicht weiter behelligen kann. In der französischen branche dagegen entflieht der wolf, als er glaubt genug schläge bekommen zu haben, und keinen erfolg der angewanten list einsehend, kehrt er hungrig zu Renart zurück.

Eine weitere quelle ist zweifellos die 2. branche des Roman du Renart: 'Si conme Renart manja le poisson aus charretiers', aus der Henrisone noch manche details entnahm, besonders bei der ausführung des raubes durch den fuchs. Einige frappante züge, die nicht gleichzeitig in der vorerwähnten 10. branche enthalten sind, und die unser dichter daher nur aus dieser 2. branche entlehnt haben kann, finden sich:

2. br. v. 833   Sor les paniers se gist (Renart) adenz,

[also ist hier von mehreren körben mit fischen die rede; wohingegen es in der 10. branche heisst:

v. 3985   Et si i avoit un panier],

bei Henrisone in übereinstimmung mit der 2. branche:

v. 2081   Out of the creillis he (Foxe) swakkit doun gude wane;

ferner bei dem treiben des fuchses auf dem fischwagen:

2. br. v. 833   Sor les paniers se gist adenz
Si en a un overt as denz,
Et si en a, bien le sachiez,
Plus de trente harenz sachioz.
Auques fu vuidiez li paniers,
Qu'il en menja moult volentiers.
Henr. 2076:   And with ane swak he (cadgear) swang him (Foxe) on the creillis;
2079   And with his teith the stoppell, or he stint,
Pullit out, and syne the hering ane and ane
Out of the creillis he swakkit doun gude wane;

bei der list des totstellens:

Henr. v. 2050 'And strawcht him doun in middis of the way,
As he wor deid he feinyeit him, but dout
vgl. 2. branche v. 791 ff.:
Lors s'est couchiez en mi la voie,
A merveille ressemble mort. —

Gegenüber diesen beiden französischen darstellungen hat
unser dichter die zutat, dass der fuchs den fischraub für den
wolf ausführt, die er aus Caxton's Historye of Reynard
entlehnte; das citat für die betr. stelle s. s. 65, anm. 1. Die be-
zeichnung für den wolf 'russell' (v. 1962) ist wol der tradition
entnommen, nach der sich an die person des wolfes die vor-
stellung eines behäbigen, wolbeleibten mönches knüpfte.

Vers 2083: 'huntis vp, vp, vpoun hie' ist der anfang eines
damals in Schottland wie in England sehr beliebten jagdliedes.
Es wird auch erwähnt in 'The Complaint of Scotland' (ca. 1548)
und in Alexander Scot's gedicht 'On May' (ca. 1560). Zur zeit
der reformation wurde es in eine ballade umgedichtet (s. Chappell,
Ancient English Ballads). Noch zu Shakespeare's zeit muss der
gesang bekannt gewesen sein, vgl. Romeo and Juliet, akt III,
sc. V, v. 34 ff., wo Juliet zu Romeo sagt:

'Since arm from arm that voice doth us affray,
Hunting thee hence, with hunts-up to the day.'

Nachweisungen einzelner züge in bearbeitungen,
die Henrisone nicht benutzte.

Reinardus V, 208—216 erzählt auch den fischdiebstahl,
s. Grimm, R. Fuchs s. LXXI.

Die list des totstellens findet sich bei Odo von Cerington,
in dessen fabel 'De vulpe esuriente' es heisst: 'Vulpes quando-
que esurit. fingit se mortuam . et jacet in plano . et linguam
ejicit . etc.' [abgedruckt in Lemcke's Jahrb., 9. bd., s. 137; es ist
hier die fabel vom wolf, der durch diese list einen auf sich
herablassenden raben fängt].

Die intrigue des fuchses, den wolf durch nachahmung
jener list dem fischhändler zu überantworten, ist wider er-
wähnt in der 20. branche des Roman du Renart, wo der fuchs
seine schelmereien bei hofe selbst erzählt:

v. 10783 Et si refu par moi traïz
Devant la charete as plaïz (Méon II., s. 42).

Jene list findet sich auch in der 17. branche des Renart
le Nouvel, wo der fuchs sie anwendet, um einem vorbei-
reitenden abte einen am pferde angebundenen reiher zu stehlen
und zu diesem behufe mit jenem zusammengebunden sein will
(s. Méon, bd. IV).

Ein grosser teil unserer fabel ist auch in einer ehstnischen tiererzählung behandelt: 'karro ja rebbane' (bär und fuchs). Dort sicht ein mann, der mit einer last fische von der stadt kommt, unterwegs einen scheintoten fuchs, hebt ihn auf und legt ihn zu seiner ladung. Bald wirft nun der schlaue fuchs die fische heraus, entweicht, liest sie wider auf und frisst sie. Einem hinzukommenden bären, der sich auch nach einer fischmahlzeit sehnt, gibt er dann (abweichend von unserer darstellung) den rat, in einem weiher mit seinem schwanze zu angeln, wobei dieser jedoch einfriert, der bär gefangen und durchgeprügelt wird.¹ Dieser schluss entspricht auch dem in der 2. branche, die wie wir oben gesehen, von Henrisone zur vorerzählung mit benutzt wurde.

X. The taill of the Foxe that begilit the Wolf in the schadow of the mone, v. 2231—2451.

Der inhalt ist kurz folgender: Ein landmann, der mit seinem knechte den acker bestellt, hat unsägliche mühe, seine vor den pflug gespannten ochsen in der rechten furche zu halten. Darüber erzürnt, bricht er schliesslich in die worte aus:
'The wolf mot haif yow all at anis' (v. 2044).
Doch der wolf ist näher als er geglaubt und hat in einem naheliegenden busche die verwünschung gehört. Von dem mit ihm im versteck liegenden fuchs noch ganz besonders auf die beute lüstern gemacht, fordert der wolf vom landmanne die ihm verfallenen ochsen. In seiner verlegenheit sucht sich nun jener dadurch auszureden, dass er das corpus delicti weder eidlich noch mit der hand versprochen, noch auch ein schriftstück darüber ausgestellt habe. Wolle er aber auf seiner forderung bestehen, so möge er nur den rechtsweg einschlagen. Sofort ruft der wolf den nahebefindlichen fuchs als zeugen und richter herbei, der sich auch bereit erklärt, die streitfrage zu schlichten. Zunächst verpflichtet er beide clienten zur unbedingten anerkennung seines urteilsspruches und beginnt nun seines richteramtes zu walten, indem er mit jeder partei einzeln und insgeheim verhandelt. Auf treffliche weise bringt er den bauer dahin, ihm für einen günstigen ausspruch einen flug hennen zu bieten, — was er mit seinem amte wol vereinbaren zu können glaubt,

¹ Siehe Grimm, R. Fuchs CCLXXXVI.

'For god is gane to sleip; as for this nicht
Sic small thingis ar not sene in to his sicht',—
dem wolfe aber bietet er als ersatz einen mächtigen, frischen
sommerkäse, den ihm der bauer liefern müsse. Nach einigem
zögern erklärt sich der wolf damit einverstanden, entlässt den
bauer mit seinen ochsen und wird auf sein verlangen vom
fuchse dem orte zugeführt, wo der käse liegen solle. Nach
langer wanderung kommen sie gegen mitternacht endlich zu
einem brunnen, in dem sich der 'penny-volle' mond wie ein
rundes, weisses siegel abspiegelt. Dies sei der versprochene
käse, und dahinein habe ihn der bauer gehängt, damit ihn
niemand stehlen solle. Hocherfreut über diese reiche beute,
die ihm jetzt bei gesteigertem hunger viel kostbarer als die
ochsenbeute erscheint, bittet der wolf den fuchs, ihm den käse
aus trockene land zu bringen; bereitwilligst springt auch der
fuchs in einen zicheimer, der nebst einem anderen an einer
welle gehend über dem brunnen hängt und fährt damit in die
tiefe. Doch bald ruft er dem erwartungsvollen wolfe zu, dass
der käse zu gross und schwer sei und er ihn nicht allein in
die höhe bringen könne; er habe sich schon die ganzen nägel
damit ausgerissen, der wolf möge doch in den anderen eimer
springen und ihm zu hilfe kommen. Sofort springt dieser auch
in den zweiten eimer, der sich durch das grössere gewicht des
wolfes senkt und den ersten mit dem fuchse wider aufwärts
gehen macht. Dem über diese unerklärliche fahrt erstaunten
und geängstigten wolfe gibt der listige fuchs bei der begegnung
im brunnen die naive antwort:
v. 2418 '— — — this fair is of fortoun:
As ane cummis vp, scho quheillis ane vther doun!'
Oben am brunnen angelangt, springt der fuchs heraus und
überlässt den wolf seinem schicksale.

In der moralitas zeigt Henrisone wider den im mittelalter
so üblichen gebrauch, sie zur 'utilitas allegoria' zu machen,
mit der er besonders die verwerfung der begierde nach welt-
lichen schätzen verknüpft.

Quelle ist die 24. erzählung der 'Disciplina Clericalis'
des Petrus Alfonsi.[1] Da unser dichter im eingange der fabel

---

[1] Abgedruckt bei Schmidt, Disc. Cleric. s. 68 ff.; ferner in Migne's
Patrologia latina, Paris 1854 als fabula XXI, s. 695; auch in Oesterley's
ausg. von Stainhöwel's Aesop, s. 318: De lupo, rustico, vulpe et caseo.

(v. 2231) den 'Esope' als seine quelle angibt, so benutzte er wol eine lat. hs., die den namen des verfassers nicht mit verzeichnete[1] und folgte dann dem allgemeinen brauche des mittelalters, alles was fabel hiess, dem Aesop zuzuschreiben.

Verschiedene erweiterungen dieser lat. fassung verraten jedoch, dass unser dichter auch andere darauf zurückgehende redaktionen benutzte. Als solche könnten in betracht kommen:

1. Caxton's Übersetzung (in der 1484 erschienenen fabelsammlung). Doch diese kannte Henrisone bei abfassung seiner fabel noch nicht, da er sie dem 'Esope' zuschreibt, während sie bei Caxton unter denen des 'Alfonce' angeführt ist.[2] Sie enthält auch keine der charakteristischen erweiterungen.

2. Castoiement d'un père à son fils, Conte XXI: 'Du vilein qui dona ses hues au lou' [siehe Fabliaux et Contes des Poëtes François des XI, XII, XIII, XIV et XV° siècles, publiés par Barbazan; nouvelle et complète édition par Méon, Paris 1808, s. 144 ff.].

Für Henrisone's benutzung des 'Castoiement' ist kein auffälliges beweismoment zu finden; nur an einer stelle hat unser dichter eine erweiterung der lat. fassung mit jener frz. redaktion gemeinsam und zwar in v. 2371, wo der fuchs den wolf zum brunnen führt:

'Than hand in hand thay held vnto ane hill',
vgl. Cast. v. 50 'Si s'en vont andui main à main'.

Doch kann aus dieser einen stelle noch nicht der beweis gefolgert werden, dass Henrisone das 'Castoiement' gekannt habe, zumal das bedeutsame zwischengespräch der beiden sich im brunnen begegnenden tiere, das der lat. fassung gänzlich fremd bleibt, sich in beiden bearbeitungen verschieden gestaltet:

Cast. 100 ff. — — — 'beax frere,
Alez vos fromaiges menger
Dont vos avez tel desirrer'.

vgl. dagegen Henrisone v. 2416 ff.

3. Einzelne branchen des Roman du Renart, welche züge aus unserer fabel enthalten.

---

[1] Warton in seiner Dissert. on the Gesta Romanorum s. VI erwähnt mehrere solcher handschriften, die in England geschrieben waren.

[2] Wie die XI. fabel Henrisone's zeigt, die sich auch chronologisch an die X. anreiht und ihren stoff jener Caxton'schen fabelsammlung entlehnt, muss Henrisone die hier erörterte X. fabel kurz vor dem erscheinen jener sammlung verfasst haben (s. datierung).

73

Eine solche ist die fünfundzwanzigste branche: 'C'est
de l'Ours et de Renart et dou vilain Liétart'.¹ Der darin mit
unserer erzählung kongruierende teil, in welchem der bauer
seine ochsen verwünscht und der wolf (dort der bär) dieselben
verlangt, enthält nun einige stellen, die eine benutzung durch
Henrisone als zweifellos erscheinen lassen. Sie mögen in
folgendem hervorgehoben werden: der eingang der frz. erzählung,
   25. br. v. 15323 Il avint anciennement
               Se l'escriture ne nos ment,
entspricht dem bei unserm dichter:
        v. 2231 In elderis dayis, as Esope can declair.
In dieser branche wird auch übereinstimmend mit Henrisone
erwähnt, dass der bauer zusammen mit einem knechte auf
dem acker gepflügt habe, während hiervon weder die lateinische fassung, noch das Castoiement, noch auch Stainhöwel
oder Caxton etwas sagen:
  { 25. br. v. 15465 Et un gars qui avec lui fu
               Qui les buez chaçoit de vertu,
    Henr. v. 2236 — — — his gadman and he (the husband);
               Ills stottis he straucht with 'benedicite'.
Auch ist in keiner der übrigen fassungen ausser bei Henrisone
und in genannter branche etwas über ein gebüsch gesagt, das
sich in der nähe des ackers befindet und hinter dem sich der
wolf (resp. bär) verborgen hält:
  { Henr. v. 2246 For in ane busk he lay (the wolf), — — —
              In ane ruch rone, was at the furris end,
   25. br. v. 15331 Près d'un grant bois ses bués lia,
   ebend. v. 15392 En un buisson avoit (li Ors) boté,
vgl. dagegen die betreffenden stellen in der lat. fassung: — quod
lupus audiens acquievit; bei Caxton: the wulf hyde hym self
nyghe them; im Castoiement v. 9: Li los fu près si l'entendi, —
nirgends die rede von einem gebüsche.
   In der frz. branche ist ferner in übereinstimmung mit Henrisone auch besonders hervorgehoben, dass der landmann schon
bei tagesgrauen auf dem felde pflügt:
  (cf. 25. br. v. 15334 — — — Atant en son essart (feld),
               Si est encore bel le jor, — —
               Puis qu'il voit le jor aparoir,
               Ne puet vilains nule aise avoir,
               Ainz velt aler s'ovraingne fere
   Henr. v. 2235 Airlie in the morning to follow furth his feir
               Vnto the pleuch etc.

---

¹ Méon II, s. 212 ff.; E. Martin I, s. 279 ff.

Als eine geradezu frappante coincidenz ist anzusehen, dass bei Henrisone wie auch in jener branche der erzürnte landmann zur züchtigung der ochsen seinen stock (patill[1]) gebraucht:

 25. br. v. 15356 Li vilains qui fu fel et aigres,
       Por ce que trop le sent à lent,
       Le (Rogel, den ochsen) point et dit par maltalent, etc.
 Henr. v. 2242 The husband than woxe angrie as ane hair,
       Syne cryit, and caist his patill and grit stanis; —

In beiden ist auch abweichend von den übrigen fassungen die beteuerung des wolfes (bären) hervorgehoben, auf der auslieferung der durch den bauer verwünschten tiere bestehen zu wollen:

 25. br. v. 15421 'Ce puet bien li vilains savoir,
       Que je voudrai mon buef avoir'.
 Henr. v. 2251 'Yone carlis word, as he war king, sall stand'.

Eine weitere branche des Roman du Renart, die Henrisone benutzte, ist die dreizehnte: 'Si comme Renart fist avaler Ysengrin dedenz le puis' (s. Méon I, s. 240 ff.). Dort ist der fuchs, getäuscht durch seinen eigenen schatten, in dem er seine geliebte Hermeline zu erblicken glaubt, vermittels eines cimers in einen brunnen eingefahren und wird vom hinzukommenden Ysengrin dadurch befreit, dass dieser sich in den andern cimer setzt, der durch sein gewicht den ersten mitsammt dem fuchse auffahren macht. Bei ihrer begegnung während der fahrt zeigt sich nun ein ganz analoges gespräch wie bei unserm dichter:

 13. br. v. 6893 ff. Et puis se sont entrecontré;
       Ysengrin l'a araisoné:
       'Compère, porquoi t'en vas-tu?'
       Et Renart li a respondu:
       'Quant li uns va, li autres vient,
       C'est la costume qui avient.
 Henr. v. 2415 The tod come hailland vp, the wolf yeid doun;
       Than angerlie the wolf vpoun him cryis:
       'I cummand thus dounwart, etc.

Den weiteren worten des fuchses in der frz. branche:

---

[1] Unter 'patill' (engl. pattle, s. Johnson) haben wir einen mit eisenspitze versehenen stock zu verstehen, der beim pflügen dazu diente, die steine aus dem wege zu räumen. Der dichter der französischen branche muss unbedingt bei dieser stelle, wo der bauer den ochsen sticht, an einen solchen stock gedacht haben; bei Henrisone wirft der bauer diesen stock nach den ochsen, offenbar auch in der absicht, um dieselben mit der spitze zu treffen.

v. 6901 'Je vois en Paradis lasus,
              Et tu vas en Enfer là jus'
entspricht dann wider ein passus in Henrisone's moralitas:
v. 2452 'Dryuand ilk man to leip in the buttrie,
              That dounwart drawis vnto the pane of hell'. —
Bei jenem zwischengespräch, wo Henrisone die brunnenwelle mit dem rade der Fortuna vergleicht, ist auch eine auffallende beeinflussung durch Jakob I. zu konstatieren; vgl. King's Quair I, 9. str.:
              For sotho it is, that on hor (Fortoune's) tolter quhele
              Every wight clevereth in his stage,
              And failyng foting oft quhen hir lest rele
              Sum vp, sum doun, etc.
Henrisone v. 2418:
              — — — this fair is of fortoun:
              As ane cummis vp, scho quheilles ane vther doun!
vgl. auch Henrisone's 13. fabel, v. 2947:
              Now on the quheill, now wrappit to the ground.

Die zurückverfolgung dieses vergleichs bis auf Chaucer und Boetius s. Anglia III, s. 229; doch ist mit Chaucer keine so frappante ähnlichkeit zu finden, wie zwischen Jakob und Henrisone an den citierten stellen.[1]

In vers 2335 unserer fabel zeigt sich ferner auch eine frappante anlehnung an Lydgate's 'Secunde tale of Isopos', Harl. 2251, fol. 286, 8. str.:
              'With empty handis men may no hawkes lure',
Henrisone v. 2335:
              'With emptie hand na man suld halkis lure';
diese stelle findet sich auch in Chaucer's Cant. Tales v. 5997:
              'With empty hond men may no haukes lure',
ist aber bei unserm dichter wol auf den einfluss Lydgate's zu setzen, da sie sich bei letzterem in einer fabel findet, die auch Henrisone kannte und, wie sich weiter unten zeigen wird, zur abfassung seiner 12. fabel mitbenutzte. Da ferner die 10. fabel erst nach der 12. entstand (s. datierung), so muss Henrisone jene stelle bei Lydgate gelesen haben.

---

[1] Siehe auch Renart le Nouvel, wo Fortuna zum fuchse sagt:
              v. 7951 'Renart, jou to voel coroner,
                        Sur ma ruée et en haut lever'. —
Weitere nachweisungen dieser allegorie in altfranz. dichtungen siehe in Leop. Bahlsen's dissertation: Adam de la Hale's Dramen, Marburg 1884, s. 71 ff. und s. 77 ff.

Schliesslich sei hier auch auf eine stelle aufmerksam gemacht, mit der unser dichter seinerseits einen einfluss auf Douglas ausübte; Henrisone v. 2241:

> thay (the oxin) couth the fur forfair,

Douglas, The thrie Tailes of the thrie Priests of Peblis, v. 412:

> God's pleuch may never hald the fur,
> He is na hird to keip thay sely sheip,
> Nocht bot ane tod in ane lambskin to creip.

Die weitere anspielung Douglas's auf fabeln zeigt, wie er wirklich in diesen versen den Henrisone benutzte.

Nachweisung einzelner züge unserer erzählung in dichtungen, die Henisone nicht benutzt hat.

Die episode der wolfsbetörung durch den mondschatten ist erzählt in der 20. branche des Roman du Renart v. 10780 ff. (Méon II, s. 1 ff.; E. Martin I, s. 30, v. 1058 ff.); ferner in der 24. branche des Roman du Renart v. 14350 ff. (Méon II, s. 145 ff.), wo die am brunnen inscenierte intrigue des fuchses als belastungsmoment bei seiner anklage vor hofe erwähnt wird.

Die brunnenaffaire findet sich schon ausführlich behandelt von Heinrich dem Glichesäre in seinem 'Reinhart'¹ v. 831—1016, doch ist dort nicht die rede von einem mondreflex, der für einen käse gehalten wird, sondern der wolf wird durch seinen eigenen schatten getäuscht, in dem er sein weib zu erblicken glaubt. Aber es findet sich daselbst schon das bedeutsame zwischengespräch der beiden sich in den einern begegnenden tiere v. 945 ff.:

> 'Reinhart, wâ sol ich nu sin?'
> 'daz sugich dir gewerliche:
> hie zo himelriche
> soltu minen stuol hân,
> wundlich dir es vil wole gan;
> Ich wil ûz in daz lant,
> var du dem tiuvel in die hant' —.

Dieselbe brunnengeschichte behandelt ohne deutsche fabel: Der fuchs und wolf, Grimm, R. F. s. 356 ff.

Die täuschung durch den mondreflex bildet auch den kern einer fabel des Romulus, app. 43: Do vulpe lambente aquam, wo der wolf den reflex des mondes in einem bache für käse hält und um diesen zu erreichen so lange vom wasser leckt,

---

¹ Siehe Grimm, R. F. s. 65 ff.

bis er sich selbst ertränkt hat; ebenso bei Marie de France XLIX: Dou Leu qi cuida de la Lune ee fust un Fourmaige.
Eine der frühesten darstellungen der brunnenepisode in England bot Odo von Cerington in seiner 57. fabel: De vulpe et lupo¹, wo der wolf zum fuchse in den brunnen hinabfahren will, um mit ihm eine fischmahlzeit zu geniessen. Das zwischengespräch der beiden tiere ist hier: [Et quando obviarunt sibi, ait lupus:] 'Bone compater, quo vadis?' Et ait vulpes: 'Satis comedi et ascendo, tu descendens invenies mirabilia' (also nicht von Henrisone benutzt).

Schliesslich sei noch die altenglische fabel "The Vox and the Wolf"² erwähnt, die ebenso die brunnengeschichte behandelt, aber auch auf Henrisone keinen einfluss ausgeübt hat. Auch hier ist nicht die rede von einem käse, wol aber findet sich darin das zwischengespräch (v. 243—52); ausserdem ist das schicksal des in den brunnen gefahrenen wolfes (abweichend von Henrisone) noch in der bekannten weise weiter ausgeführt, dass auf anstiften des dolosen fuchses mönche zum brunnen eilen, die den wolf heraufwinden und halb tot prügeln. —

Die verwünschung der ochsen durch den bauer zu anfang unserer dichtung findet ein pendant in der ersten fabel des Avian: Rustica et lupus, in der eine erzürnte mutter ihr schreiendes kind vom wolfe gefressen haben möchte, worauf sich dieser sofort einstellt und die ihm verfallene beute fordert.

Einzelne züge unserer fabel in einer ostindischen erzählung: 'kurro ju mees' (bär und bauer) s. Grimm, R. F. CCLXXXIX.

XI. The taill of the Wolf and the Wedder,
v. 2455—2615.

Einem hirten ist der hund gestorben, über dessen verlust er in bittere klagen ausbricht; ein hoffärtiger widder sucht ihn zu trösten und erbietet sich, durch überziehen eines hundefelles den wolf zu täuschen und den wächter über die herde zu spielen. Die list bewährt sich auch einige zeit; doch als der wolf eines tages so verhungert ist, dass ihm die gefahr vor dem hunde gleich gilt, stiehlt er einen hammel und ent-

---
¹ Siehe Th. Wright, Latin Stories, Percy Soc. VIII, s. 54 f; oder in Ebert's Jahrb. 9. bd. als 17. fabel; Ctatos 14; Mone 1.
² Siehe Th. Wright, Lat. Stor., Percy Soc. VIII, s. XVI ff.; Rel. Ant. II, s. 272 ff.; — Mätzner, Sprachpr. s. 132 ff.

flieht damit. Der den raub gewahrende widder jagt ihm nach und seine wahre natur vergessend, lässt er selbst dann nicht von der verfolgung ab, als der wolf die gestohlene beute wider fallen gelassen hat. Da plötzlich verliert er in einem gestrüpp sein hundefell, der wolf bemerkt es, stürzt auf den unechtlosen verfolger zu und frisst ihn.

In der moralitas geisselt der dichter die hoffart und den dünkel, mit denen sich oft geringe leute seines landes vermessen, ein ihrem stande nicht zukommendes leben zu führen und sich unter anmassen, die sie nie auszufüllen vermögen.

Quelle ist die 15. fabel des Extravagantes Esopi Antiquae[1], die Henrisone aus Caxton's fabelsammlung entnahm. Dass er Caxton's version und nicht die lateinische fassung vor sich hatte, dafür spricht v. 2588:

Esope, that poete, first father of this fabill.

In der behandlung dieser vorlage hat Henrisone wider wie bei früheren fabeln sich durchweg seine selbstständigkeit und originelle auffassung, wie in der nüchternen motivierung, so auch in manchem humoristischen zuge gewahrt. Um eine bequeme einsicht in jene freie benutzungsweise seiner vorlage zu gewähren, möge diese hier aus Caxton's druck von 1484 wiedergegeben werden; sie findet sich dort auf fol. LXXXXIII[b]:

The XV. fable is of the dogge | of the wulf
and of the whether.

Grete folye is to a fool that hath no myght | that wylle begyle another stronger than hym self | as rehereeth this fable of a fader of famylle whiche had a grete herd or flock of sheep and had a grete dogge for to kepe them whiche was wel stronge | And of his voys all the wolues were aford wherfore the sheepherd slepte more surely | but it happed | that this dogge for his grete age deyde | wherfore the sheepherdes were sore troubled and wrothe | and say'd one to other | we shall nomore slepe at oure ease by cause that our dogge is dede | for the wulues shall now come and ete our sheep | and thenne a grete wether fyers and prowd | whiche herd alle these wordes came to them and sayd | I shallo gyue yow good counceylle | Shaue me | and put on me the skynne of the dogge. And whanne the wulues shallo see me | they shallo haue grete fere of me | And whanne the wulues came and sawe the wether clothed with the skynne of the dogge | they beganne all to flee | and ranne awey | It happed on a day that a wulf whiche was sore hongry | came and toke a lambe | and after ran awaye therwith | And thenne the sayd wether ranne after hym | And

---

[1] Abgedruckt mit der deutschen version zusammen in Oesterley's ausgabe von Stainhöwel's Aesop.

tho wulf whiche supposod that it had ben the dogge shote thryes by the wayo for the grete fere that he had | And ranne ener as fast as he conde | and the wether also ranne after hym withouto cesso | tyl that he ranne thurgh a bussho full of sharp thornes | the whiche thornes rente and brake alle the dogges skynne | whiche was on hym | And as the wulf loked and sawe behynde hym | heynge moche doubtous of his detho | sawe and porceynod alle the decepcion and falshede of the wether | And forthwith retorned ageynsto hym | and demaunded of hym | what beest arte thow | And the wether answerd to hym In this maner | My lord I am a wether whiche playeth with the | And the wulf sayd | Ha mayster, ought ye to playe with your mayster and with your lord | thow hast made me so sore aferd | that by the waye as I ranne before the | I dyte shyte thre grete toordes | And thenne the wulf ledde hym vnto the place where as he had shyte | sayenge thus to hym | Loke hyther | callest thow this a playe | I take hit not for playe | For now I shalle showe to the | how thou oughtest not to playe so with thy lord | And thenne the wulf took and kylled hym | and denoured and ete hym. | And therfore he that is wyse musto take good hede | how he playeth with hym whiche is wyser | more sage | and more stronge | than hym self is.

Unsere fabel, besonders aber ihre moralitas, beeinflussste in auffälliger weise den Douglas in seinen 'Thrie Tailes of the thrie Priests of Peblis'; vgl. z. b. Henrisone v. 2607:
'Bot he' wes wyse thet had his sone considder:
"Bewar in welth, for hall-benkis ar richt slidder".'
Priests of Peblis v. 614:
'For wit thou weill, Hall binks ar ay slidder'.

Nachweisungen dieser fabel.

Stainhöwel's deutsche übersetzung: fabel von dem hund, wolff und widder (in Oesterley's ausg. s. 232); lat. fassung: De cane, lupo et ariete (ibid. s. 231); Baldo, alter Aesopus, 21 (bei Du Méril, poés. inéd.). — Es ist dies auch die einzige fabel aus Henrisone's sammlung, die sich bei Gay widerfindet I, 17: The Shepherd's Dog and the Wolf.

XII. The tail of the Wolf and the Lamb,
v. 2616—2776.

Es ist die bekannte Aesopische fabel, wo der wolf mit einem an demselben bache trinkenden lamme hader sucht und jenes schliesslich auffrisst. Die moralitas richtet sich gegen die brutalität und habsucht der grossen, wie auch gegen die

---
[1] Siehe anm. auf seite 12.

mängel der gerichtspflege, bei denen der arme nie zum rechte gegen seine bedrücker gelangen könne.

An dieser fabel ist das verhältniss der moralitas zur eigentlichen fabel zu tadeln, indem erstere beinahe ebenso viele strophen zählt wie letztere (10 : 13). Es ist dies auf rechnung des ausgesprochen satirischen charakters der fabel zu setzen, und in der tat zeigt fast keine andere in ebenso unverblümten worten die tendenz: 'to reprene the haill mislening', die der dichter nach diesen worten des prologs (v. 6) seinen fabeln zu grunde legen will.

Quelle ist der Anonymus I, 2: De lupo et agno, dessen distichen er sehr frei bearbeitete und dabei nicht unwesentlich durch Lydgate's fabel beeinflusst wurde: 'The secunde tale of Isope, declaryng how the wolf founde agenst the lamb a quarel'.[1]

Mit letzterer hat Henrisone eine gleiche auffassung wie auch eine gleiche nutzanwendung gemeinsam, insofern als beide fassungen in dem streben gipfeln, die parteilichkeit in der damaligen rechtspflege und die unterdrückung der armen durch die grossen zu geisseln. Dem gegenüber hat der Anonymus die einfache moral:

> Sic nocet innocuo nocuus, causamque nocendi
> Invenit; hil regnant qualibet urbe lupi.

Sind auch nur wenige nahezu deckende parallelstellen zwischen Lydgate und Henrisone anzuführen,

Lydg. str. 9 The wolf is likened to folkes ravenous,
The sely lamb resemblith the peralle
The wolf is gredy, fel, and dispitous,
Henr. 2707 The pure people this lamb may signifie,
2724 ff. Ane vther kynd of wolfis rauenous
Ar michtie men, hauand full grit plentie,
Quhilkis ar sa gredie and sa couotous,

so ist dies durch die originalität unseres dichters zu erklären, bei der nirgends eine plagiarische benutzung seiner vorlagen zu konstatieren ist. Gekannt hat Henrisone diese Lydgate'sche fabel zweifellos, s. o. 10. fabel; vielleicht würden sich auch noch einige andere anklänge hervorheben lassen, wenn nicht in dem Harl. ms. 2251 gerade der wichtigste teil dieser zweiten fabel

---

[1] Harl. ms. 2251, fol. 266ᵃ ff.

Lydgate's fehlte[1], der den dialog zwischen wolf und lamm enthalten haben muss.
Der einfluss Henrisone's mit dieser satirischen fabeldichtung auf Dunbar's 'General Satire' ist unverkennbar und sei hier nur angedeutet (siehe auch 6. fabel).

Nachweisungen.

Aesop. Corai 229: Λύκος καὶ Ἄρς (zwei fabeln), Aes. Furia 101: Λύκος καὶ Ἀρνός; Nevelet s. 233; Babrius 89: Λύκος καὶ Ἀρνίον; Gabrias 35; Aes. Camer. s. 163; Phaedrus I, 1, bei Dressler s. 33; bei Burmann s. 7; bei Müller s. 1; Romulus I, 2; Anonymus I, 2, bei Nevelet s. 487; Nilant s. 2 und 67; Bromyard, Summa Praedicantium A, 12, 45; Vincentius Bellovacensis, Spec. doctr. 3, 114; Spec. histor. 2, 2: Contra calumniosos; Polbartus, quadragesimale 22; Dialog. creatur. 51; Wright, Lat. Stories I, 2: De agno et lupo; Odo von Cerington, Oxforder hs. codex Douce 88, no. 67 (siehe Ebert's Jahrb. 9, s. 121 ff.); Neckam 10 (bei Du Méril); Ysopet I, 2; II, 10 (Robert 1, s. 58, 60 etc.); Marie de France II: Dou Leu è de l'Aigniel; Haudent 118; Le Noble 2, 210; Lafontaine I, 10; Bouer 5 (Pfeiffer's ausgabe s. 9); Keller, Altd. Erz. s. 495; Stricker 3, 169 (Grimm, Altd. Wälder); Geiler, Narrenschiff 78; Geschwarm (Scheible's Kloster s. 660); Luther (Jena) 5, 405 a (Wolff vnd Lämmlin); B. Waldis I, 2 (Kurz, Deutsche Bibl. I, s. 17); H. Sachs (Kempten) 1, 4, 978; Eyring 1, 487: Der Hund hat Leder fressen; 3, 458: Wer den andern vermagk, der stöst jhn in Sack; Er. Alberus 6 (Frankf. 1590); Wolgemuth 2; Fromann, Lesebuch 1, 48; Kirchhof, Wendunmuth I, 57 (wolff und lamb); VII, 37 (Gewalt geht für Recht); Gerh. v. Minden 2 (Niedord. Denkm. bd. II, s. 3); Stainhöwel I, 2 (ausg. v. Oesterley s. 81); Caxton I, 2 (wolf and lambe); Wynkyn de Worde I, 2; Guicciardini s. 206: La crudeltà no con ragione no con humiltà placarsi mai; Tuti-Nameh (übersetzt von Rosen) 1, 229: Vom Löwen und vom Schafe.

XIII. The taill of the Paddok and the Mous,
v. 2777—2975.

Diese erzählung, die entschieden zu den anmutigsten erzeugnissen Henrisone's zu rechnen ist, gründet sich auf die

---
[1] In der hs fehlt fol. 287 mit ca. 10 Chancerstrophen; erhalten sind noch 11 strophen.

bekannte Aesopische fabel vom frosch und der maus. Der verlauf bei unserm dichter ist kurz folgender: Eine hungrige maus sieht ihren weg zu einem kornfelde durch einen fluss gesperrt. Da sie letzteren wegen ihrer kurzen beine nicht durchwaden kann, auch des schwimmens unkundig ist, so rennt sie 'with mony pietous peip' am ufer auf und ab, bis endlich eine kröte aus ufer klettert und sie nach ihrem begehr fragt; dieser klagt sie nun ihre not, dass sie weder boot noch fährmann finden und wol schwerlich zur stillung ihres hungers nach jenem getreidefelde gelangen könne, da sie nicht einmal das fährgeld bei sich habe. Auf das anerbieten der kröte, sie ohne alle nautischen hilfsmittel selbst über den fluss bringen zu wollen, weicht sie anfangs entsetzt zurück, da ihr deren hämische züge berechtigten argwohn einflössen, geht aber schliesslich vom hunger getrieben auf den vorschlag ein unter der bedingung, dass ihr die kröte den mördereid leiste. Letztere willigt ein und schwört beim Jupiter, 'die maus übers wasser zu bringen'. Ohne den im eide liegenden dolus zu merken, bindet sich nun die maus nach dem vorschlage der kröte mit dieser vermittels eines fadens fest, und so beginnt die gefährliche wasserpartie. In der mitte des flusses angekommen, taucht aber die kröte unter, um die maus mit nachzuziehen und zu ersäufen. Vergeblich beruft sich diese auf den empfangenen eid und umsonst nimmt sie alle kraft zusammen, sich über wasser zu halten; sie wird schwächer und schwächer, ihr atem geht aus und in ihrer todesangst ruft sie zuletzt noch, um zu beichten, nach einem priester. — Mittlerweile hat ein geier diesem treiben zugesehen, der sich nun herabsenkt, die doppelte beute erfasst und sie zum frasse fortführt.

Die moralitas warnt vor treuloser genossenschaft und ergeht sich schliesslich in einer phantasievollen allegorie, in welcher der fluss mit der welt, die nach oben strebende maus mit der seele, die zum verderben hinabdrängende kröte mit dem körper und der plötzlich sich einstellende geier mit dem stets drohenden tode verglichen werden. — In der letzten strophe nimmt der dichter abschied vom leser; die weitere nutzanwendung dieser fabel wolle er den geistlichen überlassen.

In einer ursprünglich anzunehmenden sammelhandschrift, auf welche jedenfalls auch die auf uns gekommenen manuskripte

und alten drucke zurückgehen, schien der betr. schreiber die
letzte strophe dieser 13. fabel fälschlich als schlussstrophe für
Henrisone's sämmtliche fabeldichtungen angesehen zu haben.
Daher auch in unserer handschrift jene unchronologische an-
ordnung der einzelnen fabeln, wie sie uns schon oben bei der
datierung auffallen musste (auf s. 12 habe ich dieselbe wol an-
nähernd richtig gestellt). Wenn Henrisone sagt v. 2969 ff.:

'Adew, my freind; and gif that ony speiris,
Of this fabill sa schortlie I conclude,
Say thow, I left the laif vnto the freiris,
To mak exempill and ane similitude',

so beziehen sich diese worte lediglich auf diese eine fabel
und 'I left the laif' ist nicht zu deuten, als ob unser dichter
ein weiteres erzählen von anderen fabeln den predigern
überlassen wollte, wie es jener schreiber aufgefasst zu haben
scheint, sondern erklärt sich durch eine gleiche fabel Lydgate's,
wo dieser die moralitas noch weiter ausdehnt (gegen false-
nesse, frawde, vnkyndnesse, ingratitude etc.) und so unsern
dichter zu jenen worten veranlasste. [Bei Lydgate, strophe 21
und 22, bei Henrisone v. 2969 ff.; siehe die betreffenden stellen
unten s. 84].

Quelle ist der Anonymus I, 3: De rana et mure; starke
beeinflussung zeigt sich durch die obengenannte fabel Lydgate's.[1]
Während unser dichter genau dem gange der distichen folgt
und diese nur in einzelnen zügen erweitert, gibt Lydgate die
ganze vorgeschichte bis zur flusspassage vollständig abweichend,
indem er dort die bewirtung des frosches bei der maus in der
mühle erzählt. (Der einfluss dieses ersten teiles auf Henri-
sone's 2. fabel wurde an betreffender stelle schon erörtert.)

Ausschliesslich auf rechnung des Anonymus ist zu setzen:
{ Henr. 2769 [ane paddok] With voce full rauk — — —
{ Anon. venit obviam murl | rana loquax,
{ Henr. 2857 'And bind thy leg to myne with knottis fast'.
{ Anon. 7 Pes cogit ergo podem, — — —
dagegen Lydg. 10. str. 'No', quod the frossh, 'I shal tey a thredo
 Aboute thi nokko, — — — — —
bei beginn der flusspassage:
{ Henr. 2676 'Bot In thair myndis thay war richt different',
{ Anon. 7 — — — sed mens a mente recedit.

[1] The V. fable of Isopos discernyng the myschief, that the frossh
for his ingratitude shewed to the mowse. — Umfasst 24 Chaucerstrophen
und steht ebenfalls in dem schon erwähnten Harl. ms. 2251, fol. 293b.

Die stellen bei Henrisone, wo der frosch den mördereid leistet (v. 2865 ff.) und ihn bricht (v. 2884 ff.), gründen sich auf Anonymus v. 9:

[amico] Naufraginus faciens naufragat ipsa (rana) fidem.

Auch vom ausweiden der tiere durch den geier ist in keiner anderen lateinischen fassung, auch nicht bei Lydgate die rede;

Henr. 2903 'Syne bowellit thame, that bucheour, with his bill',
Anon. v. 14 — — — ambo (rana et mus) jacent, viscera rupta fluunt.

Einfluss der Lydgate'schen fabel.

Von der stelle an, wo maus und frosch wegen der übersetzung über den fluss unterhandeln (Lydg., 18. strophe, Henr., 12. strophe, v. 2854 ff.), gehen beide fassungen ziemlich eng nebeneinander her; parallelstellen sind:

Lydg. 5. str.	The frossh of custom abode at the revere,
Henr. v. 2936	The paddok, vsand in the flude to duell,
Lydg. 19. str.	The mowse answerd quakyng in his drede,
	'I have of swymmyng none experience'.
Henr. 2780	Scho (the mous) culd not swym, — — —
2858	'I (paddok) sall the leir to swym, be not agast.
Lydg. 20. str.	Thus gan the frossh covertly to fayne,
	Of false frawde the litel mowse to drowne;
	The frosshe by swymmyng dide his besy payne,
	To make the mowse lowe to plunge adowne.
Henr. 2877	The mous thocht of na thing bot for to swym,
	The paddok for to droun set hir intent.
	With all hir force the paddok preisslt doun,
	And thocht the mous without mercie to droun.
Lydg. 22. str.	Ingratitude	is worse than pestilence —
Henr. 2912	ane wlekit mynd	passis far all kinde of pestilence.
Lydg. 21. str.	For this conclusioun, clerkis, put in mynd,
	That lawe and nature playne of folkis vnkynd.
22. str.	Of vices al shortly to conclude
Henr. 2909	— — — and gif that ony spoiris,
	Of this fabill na schortlie I concludo,
	Say thow, I left the laif vnto the freiris, etc.

Einer beeinflussung auf v. 2947 durch Jakob's 'King's Quair' wurde schon bei gelegenheit der 10. fabel gedacht.

Nachweisungen dieser fabel.

Aesop. Corai 245: *Μῦς καὶ Βάτραχος* (zwei fabeln); Aesop. Furia 307; bei Novelet s. 249; im leben Aesop's von Planudes;

Phaedrus, ausg. v. Burmann app. 6; Müller VII, 1, s. 86: Mus et rana; Romulus 1, 3, bei Nilant 4; Anonymus 1, 3, bei Wynkyn de Worde 1, 3; bei Nevelet s. 188; Camerarius, Fab. Aesop. s. 57; Galfredus 3; Oxf. hs., codex Douce 88. 19 (Ebert's Jahrb. IX, s. 121 ff.); Neckam 6 (Du Méril); Wright, Latin Stories I, 3: De muro et rana; Vincentius Bellovacensis, Spec. doctr. 3, 114; Spec. hist. 2, 2: Contra insidiosos; Dialog. creatur. 107; Bromyard, Summa Praedicantium P, 13, 37; Ysopet I, 3; II, 6 (s. Robert 1, 259—261); Marie de France III: De la Soris è de la Renoille; Haudent 114; Le Noble 98; Lafontaine 4, 11; Boner 6 (s. Pfeiffer's ausg. s. 10); B. Waldis I, 3 (Kurz, D. Bibl. I, s. 18), etwas modifiziert; Stricker 3. 177 (Altd. Wälder); Luther 5, 405; Er. Alberus 2; H. Sachs I, 4, 980; Rollenhagen, Froschmeuseler: Quackebauchs Historie; Gerhard v. Minden 3 (Niederd. Denkm. II, s. 5 ff.); Wolgemuth 3; Kirchhof, Wendunmuth VII, 71: Straff der undanckbarkeit. (Diese letzten beiden bearbeitungen haben auch wie Lydgate die froschbewirtung als einleitung.) Stainhöwel I, 3: mus, frosch und wyen (ausg. v. Oesterley s. 82); Caxton I, 3 (of the rat and of the frogge); Bidpai, fables (trad. par Galland et Cardonne, Paris 1788) 3, 87; Pantschatantra, übers. v. Benfey (Leipzig 1859) I, 223.

Zum schlusse sei nun auf grund der vorhergegangenen untersuchung kurz zusammengefasst, in welchem verhältniss die fabeln Henrisone's zu ihren quellen stehen.

Es war bei jeder einzelnen bearbeitung die grosse und erfreuliche selbständigkeit hervorzuheben, mit der Henrisone den vorliegenden stoff stets nach seinen eigenen intentionen zu gestalten und ihn, mit eigenen gedanken und motiven erweitert, in durchweg origineller weise zum poetischen ausdruck zu bringen wusste. Mit den innersten triebfedern des tierlebens vertraut, baute er oft aus geringen andeutungen seiner vorlagen die phantasievollsten episoden auf, in denen dramatische belebung und epische ausführlichkeit nicht die geringsten vorzüge unseres dichters bilden. Durch höchst geschickte verknüpfung einzelner züge wusste er selbst auch neue fabeln zu schaffen (die vierte und fünfte), die durch ihre treue wahrung der tiermasken, wie durch die feine und naive darstellung des

tierlebens geradezu muster der fabulierenden erzählung genannt
zu werden verdienen.

Die abweichungen von seinen quellen lassen sich im wesentlichen als folgende kennzeichnen:

1. Erweiterungen in einzelnen zügen des tierlebens und
vorwiegend in den beigefügten moralitäten, die er mit
allegorien und ausführungen dogmatischen gepräges wie
mit politisch-tendenziösen anspielungen ausschmückt.
2. Kürzungen, indem er weitere ausführungen der vorlagen, die nicht streng in den rahmen seiner einzelerzählungen hineingehörten, unberücksichtigt liess. Dies gilt
besonders den einzelnen branchen des Roman du Renart
wie den Lydgate'schen fabeln und Chaucer's 'Nonne
Prestes Tale' gegenüber.
3. Einkleidung der darstellung in dialogische formen, was vorwiegend den lateinischen distichen gegenüber in betracht kommt.
4. Geschickte einschaltung schottischer, wie auch bisweilen lateinischer sprichwörter.
5. Ersetzung der in den französischen branchen, bei Caxton etc. gebräuchlichen epischen tiernamen durch
solche, die in Schottland populärer waren, wie Tod,
Tod-Lowrie, Lowrence, auch father Wer (5. fabel) für
den fuchs, Russell, freir Waitskaith für den wolf, Sprutok, Pertok. Tappok für die hennen etc.; vgl. auch die
hundenamen, 3. fabel v. 546—47.

Bezüglich ihrer originellen anlage und trefflichen, humoristischen durchführung nehmen unter allen seinen fabeln die 2., 4., 5., 9., 10. und 13. zweifellos den ersten rang ein; in der fünften macht sich die reichste epische entfaltung geltend.

Unter den dichtern, die in gedanken und sprache einflussreich auf Henrisone wirkten, stehen oben an Lydgate, Jakob I. und Chaucer; ausserdem ist mehrfach auf den einfluss hingewiesen worden, den Henrisone seinerseits bes. auf Douglas und Dunbar ausübte.

VITA.

Ich wurde geboren am 12. August 1860 zu Niederbobritzsch in Sachsen, wo mein seliger vater, Friedrich Immanuel Diebler, eine bildhauerei und sandsteinniederlage besass. Nach dessen frühzeitigem tode im jahre 1866 verzog meine mutter, Pauline Wilhelmine geb. Anke, nach Freiberg und verheiratete sich später wider an meinen jetzigen stiefvater, den dortigen bildhauereibesitzer Carl Wilhelm Schimmel. Nachdem ich meinen ersten unterricht an der bürgerschule zu Freiberg genossen, besuchte ich daselbst das gymnasium Albertinum und hierauf das dortige realgymnasium, das ich ostern 1880 absolvierte. Um mich nun dem studium für neuere philologie zu widmen, ging ich zunächst behufs praktischer ausbildung im Französischen nach Lausanne, woselbst ich an der Academie u. a. besonders die vorlesungen des herrn prof. Renard über romanische philologie hörte, dann nach Genf und kehrte im herbst wider nach Freiberg zurück, um dort meiner militärpflicht als einjährig-freiwilliger zu genügen. Michaelis 1881 bezog ich sodann die universität Leipzig, verblieb vier semester und wante mich hierauf im August 1883 nach London, um am Britischen Museum eingehendere studien des Altenglischen und Schottischen zu treiben und mich den vorarbeiten vorliegender dissertation wie der zugehörigen textausgabe zu widmen. Ende März 1884 ging ich dann nach Paris, arbeitete daselbst bei dreimonatlichem aufenthalte in der Bibliothéque Nationale und kehrte hierauf an die universität Leipzig zurück. Während meiner studien an letzterer hörte ich vor allem die vorlesungen der herren professoren Drobisch, Ebert, Heinze, Hildebrand, Hofmann, Masius, Strümpell, Wülker, Zarncke und beteiligte mich an den übungen resp. seminarien der herren v. Bahder, Masius, Wülker und Zarncke.

Es sei mir gestattet, noch hierbei meiner angenehmsten pflicht ausdruck zu geben und allen den genannten herren für die vielseitige anregung, die mir durch sie bei meinen studien geworden, auch an dieser stelle meinen wärmsten dank auszusprechen.

Arthur Richard Diebler.

www.ingramcontent.com/pod-product-compliance
Lightning Source LLC
Chambersburg PA
CBHW032244080426
42735CB00008B/997